KB151307

# 아동을 위한
# 세계시민교육

평생교육 성인학습자를 위한 코칭북

심미경 · 정진은

GLOBAL CITIZENSHIP EDUCATION
FOR CHILDREN

# 머리말

세계화 시대, 세계시민의 일원으로서 우리는 그 어느 때보다 세계시민역량 함양에 대한 교육적 요구가 절실한 시대에 살고 있습니다. 불과 얼마 전까지만 해도 아동을 대상으로 한 세계시민교육은 주목을 받지 못하였지만, 이제 유아교육계를 중심으로 아동 세계시민교육에 대한 중요성이 크게 강조되고 있습니다.

이 책은 그럼에도 불구하고 아직은 보편화되지 않은 아동 세계시민교육이 현장에 좀 더 쉽게 적용되기를 바라는 마음을 가진 분들의 제안으로 만들어지게 되었습니다. 특히 낮에는 아동교육 현장에서 보육교사로서 일하면서, 밤과 주말에는 학업을 병행하는 성인학습자들이 어려운 세계시민교육 이론서가 아닌 가이드북의 필요성을 제시해주시면서 이 책의 집필이 시작되었습니다.

학자들마다 세계시민교육이 다루어야 하는 내용 영역에 대한 다양한 분류를 제시하지만 이 책은 전반적으로 세계시민교육에서 공통적으로 중요하게 다루어지는 다섯 가지 주제를 중심으로 구성하였습니다. 제1장은 인권과 존중, 제2장은 편견과 차별, 제3장은 문화 다양성, 제4장은 평화와 갈등해결, 그리고 제5장은 국제협력과 환경 문제를 다루고 있습니다.

이 책은 이론서가 아닌 교사가 아동을 대상으로 세계시민의식을 고취하고 세계시민역량을 함양할 수 있도록 구체적인 활동과 실제를 제시하는 가이드북인 만큼, 각 장의 구성 역시 먼저 주제에 대한 개념을 설명하고, 워크북을 통해 학습자 스스로 그 개념을 충분히 익히도록 한 후, 활동지를 제공함으로써 아동을 가르칠 때 활용할 수 있도록 구성하였습니다.

이 책의 저자들이 집필과정에서 무수한 토론을 거치면서 가장 중점을 둔 부분은 가능한 이해하기 쉽게 쓰고 현장에서 쉽게 활용할 수 있는 정보를 제공하고자 한 것이었습니다. 따라서 각 장의 앞부분 이론 부분은 최대한 꼭 필요로 하는 내용만 넣고자 하였고 각 장의 마무리에는 실제 교육 현장에서 활용도가 높은 내용을 제시하고자 하였습니다. 모쪼록 이 책을 선택하시는 성인학습자들이 이 책을 잘 활용하셔서 보다 더 전문적인 프로 아동 세계시민교육가로 거듭나시길 바랍니다.

이 책이 나오기까지 책의 구성과 편집, 그리고 출판까지 지원을 아끼지 않으신 ㈜피와이메이트 관계자분들께도 진심으로 감사의 마음을 전합니다.


2018년 3월
저자 일동

# 차례

PART
01

# 소 개

제1장　아동 세계시민교육

# 아동 세계시민교육

## 1. 세계시민교육의 이해

　지구촌의 세계화로 인하여 국경을 넘어선 인적, 물적 교류가 활발해졌을 뿐 아니라 빈곤, 인권, 테러, 전염병, 환경오염 등 지역사회나 국가적 차원에서 해결할 수 없는 전 지구적 문제도 함께 고민하는 시대가 되었다.

　파리 테러사건 이후 온라인 소셜 미디어상에는 테러를 반대하는 여론이 확산되기 시작하였고, 시리아 난민 문제에 대한 수용 거부 정책에 대한 비난이 거세지면서 특히 젊은 세대의 국제 이슈에 대한 관심이 증폭되는 계기가 되었다. 이제 사람들은 전통적인 국가나 국경의 틀 안에서 국내 이슈에만 집중하는 것이 아니라, 지구촌 공동 시민으로서 국제적 이슈에 대해서도 적극적인 주체로서 문제를 해결하기 위한 방안을 모색하게 된 것이다. 이와 같이 세계화로 인한 지구촌 공동 시민, 다시 말해 세계시민으로서의 자각과 문제의식은 다음 세대의 세계시민적 자질 육성에 대한 논의를 불가피하게 만들었고 이렇게 해서 세계시민교육의 필요성은 그 어느 때보다 강조되었다.

## (1) 세계시민교육의 개념 및 특징

### 1) 세계시민교육의 개념

세계시민교육이란 세계시민(global citizen)을 길러내기 위한 교육, 또는 세계시민성(global citizenship)을 함양하기 위한 교육을 말한다.

세계시민교육 등장의 사회적 배경을 살펴보면 국경을 초월한 국제적인 이슈들과 밀접한 관련을 지닌다. 1960년대 이후 세계의 인구문제와 환경문제에 대한 관심이 증가하면서, 지역과 국가를 넘어 전 세계적인 차원에서 문제 해결방안을 찾기 위한 시도가 이루어졌다. 특히 교육현장에서의 세계시민교육의 등장은 이러한 사회적 배경과 밀접한 관련을 맺는다. 그럼에도 불구하고 초기의 세계시민교육은 전 지구적인 이슈들에 대한 문제의식을 고양하고 세계시민으로서 주체적 역할을 할 수 있도록 하는 적극적 교육양식을 띄기보다는 '국제이해를 중심으로 한 국제(international) 교육'이라는 비교적 소극적인 개념의 교육양식을 띄었다. 시간이 흐르면서 지구시민교육, 글로벌시민교육, 글로벌교육, 다문화교육, 국제이해교육 등의 다양한 표현으로 혼용되던 '국제 교육'은 이후 '세계시민교육'으로 명명되었으나 학자들 사이에서도 관점에 따라 여전히 다양하게 정의되고 있는 상황이다.

최근의 세계시민교육 논의를 주도하고 있는 유네스코는 창립 이래 영구적 세계평화는 교육을 통해 가능하다는 철학에 기초하여 평화교육, 인권교육, 국제이해교육, 지속가능발전교육 등의 이름으로 세계시민교육의 토대를 마련했다고 볼 수 있다(정우탁, 2015). 2012년 유엔의 교육최우선구상(Global Education First Initiative, GEFI)과 2015년 지속가능발전목표(Sustainable Development Goals, SDGs) 등의 글로벌 교육 의제의 설정과정에서 유네스코가 주도적인 역할을 수행하면서, 세계시민교육의 개념적 합의를 위한 연구도 활발하게 진행하였다(김진희,

2015; UNESCO, 2015). 그 결과 유네스코는 세계시민교육을 보다 정의롭고 평화로우며, 관용적이고 포용적이며, 안전하고 지속가능한 세상을 만드는 데 학습자가 필요로 하는 지식, 기술, 가치·태도를 함양하는 패러다임이라고 정의하였다(UNESCO, 2015).

## 2) 세계시민교육의 특징

세계시민교육의 특징을 요약하면 다음과 같다.

첫째, 세계시민교육은 세계화로 인하여 국가적 단위를 넘어선 전지구적인 도전 과제와 이슈에 대한 이해, 그리고 이러한 도전과제에 대한 효과적인 대응 방안을 교육을 통해 모색하고자 하는 목표를 가지고 있다. 즉, 세계시민교육은 정보통신 기술의 발달과 세계화의 진전으로 빠르게 변하고 있는 시대적 정황과 지구촌 구성원 간의 상호 의존도가 증대되고 있는 21세기라는 시대적 맥락 속에서 출현한 시대적 사명을 띄고 있는 교육이다(이성회, 2015).

둘째, 전반적으로 세계시민교육의 개념에서 사용되고 있는 세계시민 혹은 세계시민성은 국가를 초월한 세계정부의 수립을 통해 획득되는 법적 신분이라기보다는 보편적 인류애를 추구하는 사회집단의 기풍(ethos)을 의미한다(유네스코 아태교육원, 2014).

셋째, 세계시민교육에 대해 이론적으로 합의된 정의는 학계 및 교육현장에서 아직까지는 찾기 어렵다(최종덕, 2014; Marshall, 2011). 이는 근본적으로 세계시민이라는 개념의 가상적 혹은 염원적 특성에서 비롯된다고 볼 수 있다. 세계시민교육은 학습자들의 보편적 인류애에 기초하여, 아직까지 현실에서 존재하지 않는 세계적 차원의 상호작용과 책임감을 가지고 행동하여야 한다는 도덕적 열망에 크게 기반하고 있기 때문이다(Rizvi, 2009; Marshall, 2011).

## (2) 세계시민성의 관점

Oxley & Morris(2013)는 세계시민성의 다양한 관점을 여덟 가지 유형체계로 분류하였다. 이들은 각 관점의 이념적 기초에 따라서 담론 차원의 '규범적' 개념뿐만 아니라 교육과정과 같은 특정한 맥락하에서의 세계시민성의 '실증적'인 개념을 통합적으로 제시하였다(Oxley & Morris, 2013). 이들은 자신들의 세계시민성 분류 체계를 세계시민성의 유형을 제공하기 위한 목적보다는 각 관점들의 주요 특징들을 탐색하기 위한 기제라는 것을 강조하고 있다.

이들 여덟 가지 유형의 세계시민성의 관점은 세계주의적 유형(Cosmopolitan types)과 옹호론적 유형(Advocacy types)으로 구분된다. 세계주의적 유형이 주류 모형이라면 옹호론적 유형은 이에 대한 대안적 모형이라고 볼 수 있다. 세계주의적 유형은 다시 정치적, 도덕적, 경제적, 문화적 세계시민성으로 나뉘고, 옹호론적 유형은 사회적, 비판적, 환경적, 정신적 세계시민성으로 구분된다(Oxley & Morris, 2013).

Oxley & Morris의 세계시민성의 관점

| 세계주의적 유형 | 핵심 개념 |
|---|---|
| 정치적 세계시민성 | 개인과 국가·기타 정치 조직 사이의 관계에 중점을 두며, 특히 세계주의적 민주주의(cosmopolitan democracy)의 형태에 관심을 둠. |
| 도덕적 세계시민성 | 개인과 집단 상호 간의 윤리적 입장에 초점을 맞추며, 인권과 관련된 개념이 주를 이룸. |
| 경제적 세계시민성 | 종종 국제 개발로 나타나는 권력, 자본의 형태, 노동, 자원과 인간의 조건 사이의 상호작용에 초점을 맞춤. |
| 문화적 세계시민성 | 예술, 미디어, 언어, 과학, 기술의 세계화를 특별히 강조하면서 사회 구성원을 결속시키고 구분하는 상징들에 초점을 맞춤. |

| 옹호론적 유형 | 핵심 개념 |
|---|---|
| 사회적<br>세계시민성 | 개인과 집단의 상호 연관성에 초점을 두고 흔히 지구시민사회로 불리는 '일반인들(people)'의 목소리를 옹호함. |
| 비판적<br>세계시민성 | 불평등과 억압에서 비롯된 도전과제들에 초점을 맞춤. 특히 탈식민지적 의제를 통해서 자원을 빼앗기거나 식민 통치를 받은 사람들의 삶을 개선하기 위한 행동을 옹호하기 위해 사회적 규범에 대해 비판을 가함. |
| 환경적<br>세계시민성 | 자연환경과 관련된 인간의 행동 변화를 옹호하는 데 초점을 둠. 일반적으로 지속가능한 개발 의제로 불림. |
| 정신적<br>세계시민성 | 인간관계에서 비과학적이고 측정이 불가한 측면에 초점을 둠. 배려, 사랑, 정신적 그리고 감정적 연결과 관련된 공리(公理)에 대한 헌신을 옹호함. |

출처: 세계시민교육 실태와 실천과제

## (3) 세계시민교육의 방향

세계시민교육은 궁극적으로 보다 나은 세상, 즉 보다 정의롭고 평화로우며, 지속가능한 세상을 만들기 위해 전 지구적으로 직면한 도전과제와 이슈를 이해하고 이를 해결하기 위한 세계시민의 자질을 요구한다.

이러한 이념을 구현하기 위한 세계시민교육의 방향은 다음과 같다.

첫째, 세계시민은 새로운 정체성, 곧 세계 공동체 일원으로서의 정체성을 스스로 확립할 수 있어야 한다. 우리 모두가 세계 공동체의 하나의 구성원임을 인식하지 않고 정체성을 확립하지 않는다면 공동체를 위한 헌신과 참여를 기대하기 어렵다(Giles & Middleton, 1999/2003). 테러나 빈곤 등의 국제적 문제에 대처하기 위해 일련의 활동에 참여한다 해도 확실한 정체성이 확립되지 않는다면 단순한 기부나 미래 이해관계를 위한 장기 프로젝트에 불과할 뿐이고 진정한 세계시민의 실천이라고 할 수 없다.

둘째, 세계시민은 문화적으로 서로 다른 세계의 공동체 구성원이 상호 존중하며 협력하는 기반을 만들어야 한다. 다문화시대의 협력은 단순히 외국인과 함께하는 물리적 공존이 아니라, 내면적 소통을 통하여 진정으로 공존할 수 있는 상호 존중에 기반한 삶의 방식임을 인식할 필요가 있다(최성환, 2009). 무한 경쟁의 시대에 현실에서의 타인과의 관계 형성은 결코 쉬운 문제가 아니다. 세계시민으로서 개개인의 동일성과 차이점을 이해하고 타인의 삶과 삶의 방식을 보다 열린 시각으로 바라볼 수 있어야 한다.

셋째, 세계시민은 세계 공동체의 구성원으로서 세계의 민주주의에 관심을 두며 적극적으로 정치에 참여해야 한다. 상호 존중과 이해보다는 이윤 추구가 목적인 자유 시장 경제에서는 전 지구적 차원의 연대와 관용, 책임의 정신이 사라지고 있다는 비판도 있다. 지금 이 시점에서 요구되는 것은 세계시민의 역량 기르기(empowering)이다. 세계시민은 권위에 비판적이며 독립적인 판단을 내릴 수 있어야 하고 불의에 저항할 수 있는 시민으로서의 용기가 필요하다.

## ⑷ 아동 대상의 세계시민교육을 위한 방안

### 1) 유네스코의 세계시민교육

유네스코는 2015년 한국에서 개최된 세계교육회의에서 '평화와 협력을 위한 교육'을 강조하며 세계시민교육 함양을 위한 의제 설정의 방향을 제안하였다. 이것은 글로벌 교육 의제 형성 방향뿐만 아니라, 우리나라의 세계시민교육 현장의 발전 방향에 큰 영향을 주었다.

유네스코의 '평화와 협력을 위한 세계시민교육'의 핵심은 평화의 문화 창출과 인권의 강화를 위해 기여해야 하며, 여러 사회·문화·종교 집단 간의 관용과 우위를 증진시키고, 세계 평화를 위한 국제협력의 역할 및 시민의식을 함양함에 있다.

유네스코의 37차 총회 결과 보고서에서도 세계시민교육은 지속적으로 언급되었다. 주제별 우선순위에서는 교육을 지속가능한 발전과 세계시민성 함양을 위해 강화시키는 것으로 명시하고 있고, 주요 목표와 원칙으로서 세계시민성 함양을 강조하고 있다(UNESCO, 2013).

유네스코의 교육 기본 원리의 천명에서는 다음과 같이 언급하고 있다.
- 교육은 기본적인 인권이자 다른 권리의 실현과도 연관되어 있다.
- 교육의 기본 원칙은 공공재라는 데 있다.
- 부모, 그리고 모든 관계자들이 양질의 교육을 제공하는 중요한 역할을 담당한다.
- 교육은 인간의 자아실현의 기초이자, 평화, 지속가능한 발전, 양성 평등과 책임 있는 세계시민성의 기초이다.
- 교육은 불평등과 빈곤을 감소시키고, 더 나은 지속가능한 삶의 기회를 생산하는 데 가장 중요한 기여를 한다.

유네스코(2015)는 세계시민교육을 위하여 각국 현지의 교육현장에 적용할 수 있도록 세계시민교육의 보편적인 핵심주제와 주요학습 결과, 학습자 자질을 다음과 같이 제시하였다.

유네스코의 세계시민교육 내용

| 학습범위 | 인지적 영역 | 사회·정서적 영역 | 실천적 영역 |
|---|---|---|---|
| 핵심주제 | • 지역, 국가와 세계의 체계와 구조<br>• 지역, 국가와 세계수준의 공동체의 상호작용에 미치는 이슈들<br>• 근원적인 권력의 인수와 역학 | • 다양한 수준의 정체성<br>• 다른 공동체와 이들의 상호 연결성<br>• 다름과 다양성에 대한 존중 | • 개인적, 집단적으로 취할 수 있는 행동<br>• 윤리적으로 책임감 있는 행동<br>• 적극적인 참여와 행동을 취하기 |
| 주요학습 결과 | • 학습자들은 주요 지역, 국가의 글로벌 이슈들 그리고 다양한 국가와 집단 간의 상호 연계성과 상호 의존성에 대한 지식을 습득<br>• 학습자들은 비판적으로 사고하고 분석하는 기술을 익힘 | • 학습자들은 인권에 기반한 가치와 책무감을 공유함으로써 인류 공동체에 대한 소속감을 경험<br>• 공감능력을 기르고, 연대감을 고취하며, 다름과 다양성에 대한 존중의 태도를 함양 | • 학습자들은 보다 평화롭고 지속가능한 세상이 되도록 지역, 국가 및 지구적 차원에서 효과적이고 책임감 있게 행동<br>• 학습자들은 필요한 행동을 실행에 옮기고자 하는 동기와 의지를 함양 |
| 학습자 자질 | • 잘 알고 비판적 문해력을 보유<br>• 지역, 세계의 이슈, 거버넌스 시스템과 구조에 대해 앎<br>• 세계와 지역 사안들의 연결성과 상호 의존성을 이해<br>• 비판적 질문과 분석을 위한 기술을 개발 | • 사회적으로 연결되어 있고 다양성을 존중<br>• 정체성, 관계와 소속감을 기르고 관리<br>• 인권에 기반한 가치와 책임감을 공유<br>• 다름과 다양성을 인정하고 존중하는 태도를 키움 | • 윤리적으로 책임감 있고 적극적으로 참여<br>• 적절한 기술, 신념, 가치, 신념과 태도를 구현<br>• 평화롭고 지속가능한 세계를 위해 개인적이고 사회적인 책임감을 보임<br>• 공공선을 위한 동기와 의지를 개발 |

출처: UNESCO, 2015

## 2) 아동 세계시민교육

아동을 위한 세계시민교육에서는 세계시민교육이 아동에게 어떻게 실행될 수 있는지, 아동의 공정하고 평화로운 세계관 형성에 미치는 영향에 대하여 강조하고 있다.

첫째, 아동 세계시민교육을 통해 세계적 도전과제를 다루기에 적합한 가치관과 태도를 함양시키고자 한다.

아동 세계시민교육은 먼저 아동의 상호작용 방식을 인지하고 아동이 속한 환경에서 어떻게 관계를 형성하고 가치관과 태도를 형성하는지 파악한다.

가치관은 사람들이 저마다 가지고 있는 신념, 타인과 관계 맺는 방식, 자신이 속한 환경에서 수행하는 모든 활동을 말한다. 아동의 가치관은 가정환경과 성장과정을 통해 형성되며, 가족은 아동의 삶에서 중요한 영향을 미친다.

태도는 아동이 타인과 관계 맺는 방식, 그리고 그들이 속한 환경에서 수행하는 모든 활동을 말한다. 태도는 사고와 감정이 복합된 것으로서, 고착화되는 경향이 있으나 세계시민교육을 통해 긍정적인 가치관이 형성되고 자신의 경험과 타인의 영향에 의해 바뀔 수 있다.

둘째, 아동 세계시민교육은 의사소통능력 향상과 비판적 사고능력을 증대시키고자 한다.

비판적 사고는 전 세계의 국가와 지역사회의 문제에 관한 것이고, 여러 국가와 국민의 상호 연결성과 상호 의존성은 다른 시각과 차원에서 상황을 보는 것을 의미한다. 아동 세계시민교육은 공동의 목적을 위해 행동하고 참여하도록 관계를 맺는 것을 배우는 것부터 시작한다.

여러 공동 활동을 통해 아동은 함께 토론하고 경청을 하며 생각과 아이디어를 공유한다. 또한 제시된 국제적 이슈에 대하여 함께 해결방법을 찾기 위해 분석하고, 비판적으로 사고하는 힘을 기르도록 한다.

세계시민성 함양을 위한 연령별 교육과정 - 가치 태도

| 구분 | 3-5세 | 5-7세 | 7-11세 |
|---|---|---|---|
| 다양성을 가치롭게 여김 | • 다름과 다양성에 대한 긍정적인 태도<br>• 타인의 생각을 경청하려는 태도 | • 타인이 평등하지만 다르다는 것 인지<br>• 타인의 견해가 나와 다를지라도 그들의 생각을 존중하려는 의지<br>• 타인의 경험으로부터 배우려는 의지 | • 다름을 존중<br>• 다양한 관점과 견해를 경청함에 따른 장점을 인식 |
| 환경과 지속가능한 발전에 대한 관심 | • 살아있는 것과 환경의 가치를 알고 환경을 보호<br>• 세상에 대한 호기심과 경이로움<br>• 자원의 가치를 인식하기 시작 | • 지역 환경에 대한 관심과 이를 보호하려는 의지<br>• 자원을 보호하고 절약 | • 환경과 자원사용에 대한 책임감<br>• 지역 및 전 세계적으로 환경을 보호하고 사람들의 삶의 질을 향상시키려는 노력 |
| 참여와 통합에 헌신 | • 타인과 함께 공정하고 통합적으로 활동하는 의지 | • 학급 내부 및 외부 활동에 참여하려는 의지<br>• 모든 사람이 참여할 수 있고, 참여해야 한다는 믿음 | • 학교의 의사결정에 활발하게 참여<br>• 온전한 참여가 어려운 사람들을 적극적으로 통합하려는 태도 |
| 사람이 변화를 이끌어낼 수 있다는 믿음 | • 모든 사람들은 주위 환경을 개선하고 타인을 지지하는 활동을 할 수 있다는 신념 | • 개인과 타인과의 협력이 변화를 만들어낼 수 있다는 신념 | • 개인과 집단이 상황을 개선할 수 있다는 신념<br>• 보다 나은 상황과 조건을 위해 타인과 협력하려는 의지 |

출처: 세계시민교육 실태와 실천과제

PART

02

# 아동 세계시민교육 프로그램

# 인권과 존중

## 1. 인권과 존중

### (1) 인간의 권리

인간의 권리 중 가장 기본적인 권리는 자유와 생존의 권리라고 말할 수 있다. 인간은 살아가는 동안 능동적 의지를 가지고 끊임없이 생존할 뿐만 아니라, 여러 가지 창조 행위를 통해서 그들의 삶에 의미를 부여한다. 이러한 인간의 창조 행위의 근원은 자유로움에서 시작된다. 인간은 태어날 때부터 자유롭게 태어났으며, 자유의지를 가지고 자신의 삶을 주체적으로 살아간다. 만일 인간이 자유롭게 살지 못한다면 그들에게 천부적으로 부여된 권리가 박탈된 것으로, 결국 타인으로부터 속박된 삶을 사는 것이나 마찬가지라 할 수 있다. 인간의 권리는 인간의 생존권을 통해 인간 존재를 확인하고, 자유권을 통해 인간의 삶의 방법을 찾음으로써 인간이 인간답게 사는 것을 보장하는 것이다.

결국 인간의 존엄성은 어떤 조건에 따라 생겨나는 것이 아니라 천부적으로 주어지는 것이다.

## (2) 역사

인권에 대한 사상의 역사는 인류문명의 진화와 더불어 발전되어 왔지만, 인권의 개념이 체계적으로 정립된 것은 천부적 인권론이 주장된 18세기에 시작되었다. 인간의 권리는 인본주의를 거쳐 계몽주의 사상가들에 의해 표명되었지만 인권은 인류의 역사만큼이나 오래되었다고 할 수 있다. 즉, 인간의 권리는 국가, 사회, 종교 이전에 인간에게 자연적으로 주어진 것이었다. 인권은 인류 성장의 산물이고, 논란이 될 수 있는 대상이고, 또한 변화 가능한 대상이기도 하다. 인권의 본질은 역사성을 내재하고 있으며, 역사성의 산물인 인권은 유럽을 중심으로 발전해 왔다.

고대는 서구 인본 사상의 요람으로서 당시의 모든 정치적 질서의 기준들은 인간의 본연에서 나오는 일반적인 권리인 자연권으로부터 인정되었다. 이러한 자연권과 함께 당시에도 인간이 만들어 놓은 실정권이 존재하였다. 하지만 고대는 실정권과 자연권을 동일시하여 당시의 노예제도를 정당화하였다. 즉, 근대 이전의 인권 사상은 특정 사회계급의 권리에 국한되었으며, 모든 인간에게 보편적으로 적용되는 권리는 아니었다.

18세기 계몽주의 사상가에 의해 자연권과 인권에 대한 진보적 사상이 대두되었다. 국가주권에서 국민주권으로 인권의 전환점이 된 계몽주의 시대가 가능했던 이유는 당시 새로운 경제계급으로 부상한 중산층 시민계급이 프랑스 대혁명과 같은 전환점을 만들어 냈기 때문이다. 이후 산업혁명으로 인해서 국가의 기능은 더욱 약화되고, 자본가들이 새로운 상위계층을 형성하며 노동자들의 노동을 착취하면서 인권은 새로운 사회적 국면에 직면하게 되었다. 노동시간, 최소 임금, 여성과 아동의 노동, 실업 등 인간의 사회적 권리(social rights)가 중요한 쟁점으로 부상되었다. 두 번의 세계대전으로 인간에 대한 회의와 성찰을 경험하며 1945년 10월 24일 UN이 창립되었고, 1948년 12월 10일에 '인권의 일반적 선언'이 있게 되었다.

'인간은 평등하다'는 사고는 이때부터 사실상 자리매김을 하였고, 구체적으로 '무엇이 인권인가' 하는 것은 근대 이후에도 계속 그 내용이 확대되었다. 누구나 존중받아야 할 최소한의 권리는 그 시대의 사람들이 당면한 과제와 결코 무관하지 않다.

## (3) 아동 인권의 개념

인권은 현재 보편적으로 받아들어져 많은 현대국가에서 인간의 가치와 존엄성에 기초한 인권을 수용하고 있다. 인간의 존엄성은 어떤 조건에 따라 생겨나는 것이 아니라 천부적으로 주어지는 것이므로, 인권은 어떤 예외라든지 정도의 차이를 인정하지 않고 보편적으로 주어지는 것이다. 인권은 남녀노소, 인종의 차이, 재산의 유무, 종교, 학식에 따라 달라지지 않는다.

아동의 인권도 기본적으로 성인의 인권과 다르지 않지만 아동이 가지는 특수성이 있다. 아동은 성인에 비하여 무엇보다 신체적으로 성장이 완성되지 않았고, 정신적, 심리적으로도 자신의 삶을 주체적으로 살아갈 만큼 안정되었다고 할 수 없다. 무엇보다 아동은 경제적으로 독립하지 못해서 누군가의 지원을 받아야 살아갈 수 있는 존재이다.

무엇보다 아동은 보호와 양육의 대상이며, 독립적 개인으로서, 사회의 주체적 일원으로서 활동하기에는 아직 미성숙한 인격체이기 때문에 한 개인으로 성장하기까지 사회적으로 전폭적인 배려와 지원을 받을 권리를 추가적으로 보장 받아야 한다. 따라서 성인들의 권리와 비교하여 상대적으로 아동에게는 권리적 특수성을 띠는 발달권, 보호권과 같은 권리가 있다.

## 1) 아동의 생존권

인간에게 부여된 권리들 중에서 가장 기본적인 것은 생존권이라 할 수 있으며, 인간이 존재하지 않는 한 인간에게는 권리가 주어지지 않는다. 생존권이 아동에게 중요한 의미를 갖는 이유는 가장 생명의 위협을 받을 수 있는 존재가 아동이고, 아동은 영양·질병·안전·폭력·학대 등으로부터 보호 받아야 하는 대상이기 때문이다.

최근 한국 청소년의 자살률은 세계 1위로 나타나고 있고 그 비율이 날로 증가하고 있는 참담한 실정이다. 청소년 자살의 이유는 여러 가지를 들 수 있지만 대학입학을 위한 지나친 교육경쟁으로부터 오는 스트레스로 생명을 스스로 마감하는 청소년들이 있다는 사실 자체만으로도 청소년들의 생존권이 교육제도로부터 크게 위협받고 있다는 것을 말해 주고 있어 매우 심각한 상황이다. 이는 지진, 폭우, 가뭄과 같은 자연재해로부터 생존의 위협을 받는 것과 달리 전쟁, 환경파괴와 같이 인간의 행위로부터 야기되는 생명의 위협과 같은 것으로, 교육에 대한 깊은 철학적 성찰이 요구된다(김경준 외, 2014).

## 2) 아동의 자유권

자유권은 인간 존재의 이유 중 하나이며, 자유권이 박탈된다면 존재의 의미 자체가 없어지게 될 수도 있을 것이다. 인간의 자유권은 삶을 영위하는 동안 주어지지만 인간이 사회의 구성원으로 살아가는 한 무한한 자유를 얻기는 어렵고 실정법에 의거한 자유만 보장받을 수 있다. 또한 아동의 자유권은 양육자, 교육자들의 행동양식과 가치판단에 의해 제한적으로 행사될 수 있는 것이 사실이다. 아동의 자유권은 이들을 보호하는 것이 첫 번째 목적이지만 아동의 자유에 관한 권리가 지나친 외부의 제한으로 제대로 행사되지 못하는 경우도 발생한다.

따라서 아동의 자유권을 제한하고자 할 때에는 아동의 이익을 최우선으로 두고 자세히 검토하여야 한다.

### 3) 아동의 복지권

복지권은 개인에게 주어질 수 있는 권리로서, 생존의 문제를 벗어나 인간다운 삶을 살아가기 위하여 의·식·주와 같은 최소한의 삶을 누릴 수 있는 권리이다. 이러한 복지권은 아동에게 있어서 생존권, 발달권과 무관하지 않다고 할 수 있다.

많은 통계조사에서 한국의 아동·청소년들은 신체적인 비만과 운동부족, 정서적인 불안 및 불균형, 심리적인 우울증, 공격성, 중독증세 등으로 신체·정신적으로 매우 힘들게 살아가고 있는 것으로 나타났다.

2014년에 수행된 아동·청소년 인권 실태조사에서 나타난 학업중단, 중퇴 및 자살 충동 등의 부정적 결과도 청소년들이 가장 많은 시간을 보내는 학교에서의 생활이 행복하지 않기 때문이다. 더욱이 가정조차도 청소년의 복지권을 지켜주는 사회화 기관이 되지 못하고 오히려 이들에게 부담을 가중시키는 기능만을 담당하고 있는 상황이다. 이는 한국사회가 학벌사회이기 때문에 비롯되는 현상으로 평가되기도 하는데, 학벌사회가 타파되지 못하는 이유를 사회학자들은 한국사회가 인간의 권리보다 자본의 논리와 가치를 우선하는 사회이기 때문이라고 해석하기도 한다(김경준 외, 2014).

### 4) 아동의 평등권

고대의 노예제도와 중세의 봉건 농노제도로부터 자유의 권리를 쟁취한 인간은 프랑스 대혁명을 통해서 평등권에 더 많은 관심을 가지게 되었다. 혁명적 과업의 완수를 통하여 인간은 타인과 같이 동등하게 자유로울 수 있는 기회는 얻었지만, 사회적 불평등으로부터 오는 또 다른 박탈감과 경제적 부자유를 가지게 됨으로써 평등의 중요성이 점차적으로 확대되게 되었다.

아동의 평등권은 주로 학교나 또래 간에서 요구될 수 있고, 가정에서도 구성원으로서 평등권을 행사할 수 있다. 아동의 평등권은 자신의 평등권을 행사하는 방법과 내용을 학습하여 건강한 사회인으로서 성장하는 데 의미가 있다.

평등권에는 기회균등의 원리가 내재되어 있으며 같은 조건에서 자신에게만 기회가 주어지지 않는다면 이는 평등권을 침해받는 것이라 할 수 있다. 한국에서는 모든 아동이 교육의 기회균등을 보장받고 있는 듯 보이지만 실제로는 공교육만으로는 평등권을 제대로 행사할 수 없다. 한국의 아동에 대한 깊은 인권적 성찰을 통한 제도의 도입이 필요하며, 이를 통해서만 비로소 아동의 평등권이 제대로 행사될 수 있을 것이다.

## 5) 아동의 보호권 및 발달권

아동은 발달상 미성숙한 존재이고 보호의 대상이다. 아동의 발달이 정상적으로 이루어지지 않는다면 성인이 되어서 많은 어려움을 가질 수 있기 때문에 아동의 보호권과 발달권은 중요한 의미를 가진다. 아동의 존재는 계몽주의 시대 이전에는 거의 인식되지 않았으며, 학대와 노동 착취, 체벌의 대상이었고, 어떠한 권리도 주어지지 않았다. 프랑스 대혁명으로 민주주의가 제도로 확립되었지만 산업혁명을 거치면서 아동은 여전히 노동 착취의 대상이었고 공교육 제도의 도입의 이면에도 산업현장에 필요한 숙련공을 대량으로 생산하기 위함이 아닌가 하는 의문도 없지 않았다.

아동의 생존권과 복지권은 아동의 보호와 발달에 큰 영향을 미친다. 우리나라의 경우에도 경제적 수준이 많이 높아졌음에도 불구하고, 여전히 아동 생존권과 복지권과 관련한 여러 문제가 발생하고 있다. 가정 해체, 심한 교육 스트레스, 사회의 전반적인 안전 불감증 등에서 비롯된 자살, 사망, 사고, 폭력, 학대 등의 문제가 끊이지 않고 있어 아동에 대한 보호권과 발달권이 사실상 제대로 행사되지 못하고 있는 상황인 것이다.

특히 한국은 이미 교육 수준은 선진국 수준을 능가하고 있지만 오히려 교육이 지나쳐서 아동의 발달권이 침해받고 있다는 평가를 받고 있는 실정이다. UN의 아동권리협약 회원국으로서 시정 권고를 받았음에도 불구하고 여전히 과다한 학업시간으로 인해 한국의 아동·청소년들은 여가 및 문화 활동을 누릴 권리를 침해당하고 있으며, 궁극적으로는 건전한 심신 발달에 많은 장애를 초래하고 있다는 비판을 받고 있다(김경준 외, 2014).

## 6) 아동의 참여권

참여권은 인간의 권리 중에서 가장 늦게 요구되기 시작한 권리이다. 자유롭게 자신의 의사를 표명하고, 동등하게 의사를 결정하는 기회를 가질 수 있다는 것은 고대와 중세에서는 생각하기 어려운 일이다. 민주시민사회의 형성을 토대로 참여권은 인간의 중요한 권리로 등장하게 되었고, 현재 사회의 대표적 권리 중 하나이다.

아동에게 참여권의 보장이 중요한 것은 이들의 다른 중요한 권리 등이 침해를 받았을 때에 함께 자신의 의사를 표명할 수 있는 기회를 만들어 내는 권리이기 때문이다. 아동의 참여권은 무엇보다 이러한 권리를 행사함으로써 장차 민주시민으로서의 역량을 키워나갈 수 있기 때문에 더욱 의미 있는 권리이다.

### (3) 인권교육

#### 1) 인권교육의 개념

인권교육은 인권과 기본적 자유를 존중하는 가치와 태도를 습득하여 개개인의 인성과 존엄성이 충분히 습득되도록 하는 교육활동이다. 동시에 이러한 변화를 통하여 인종이나 성별, 국적, 종교나 문화 및 기타 구분에 의한 사람들 간의 차별과 편견을 종식시킬 수 있다. 또한 인권교육은 평등한 관계와 관용, 이해와 우호 및 평화가 증진되는 사회 형성에 기여하는 활동이라고도 정의할 수 있다(이미식, 2007). UN은 인권교육을 지식과 기술, 태도 형성을 통해 인권에 관한 보편적 문화를 구축할 목적으로 이루어지는 훈련, 전파, 정보전달과 관련된 노력으로 정의하고 있다(국가인권위, 2005).

2005년 UN 정상회의에서는 인권교육의 필요성과 더불어 인권교육을 위한 세계프로그램(World Program for Human Rights Education)이 진행되었다. 그리고 2008년 유엔은 세계인권선언 20주년을 맞아 '국제 인권학습의 해(International Year of Human Rights Learning)'를 선포하였다. 또한 2011년에는 '인권교육훈련에 관한 선언'이 제시되는 등 인권교육이 전 세계적으로 하나의 보편적 흐름으로 자리 잡아 감에 따라 인권교육의 중요성에 대한 강조와 실천이 널리 확산되고 있다.

특히 아동권리협약 제42조에 따르면 당사국은 18세 미만의 아동 및 전체 사회 구성원들에게 인권교육을 실시할 의무가 있음을 규정하고 있다. 우리나라도 2008년 개정된 청소년복지지원법에 따라 아동·청소년에 대한 인권교육 실시의무를 규정하고 있다(제5조). 아동 인권교육은 아동이 일상생활에서 경험하는 자신과 타인의 권리를 이해하고, 인권의 관점으로 타인을 존중하며 세계관을 인식할 수 있는 인권감수성을 갖도록 돕기 위해 인권 친화적인 교육환경에서 아동의 참여와 활동이 강조되는 교육이라고 할 수 있다.

Rest(1994)는 인권교육이 단순히 인권 내용을 강조하는 인권에 대한 교육(Education about human rights)으로 그쳐서는 안 되며 동시에 인권을 위한 교육(Education for human rights), 인권을 통한 교육(Education through human rights)이 되어야 한다고 강조한다.

'인권에 대한 교육'은 인권이 무엇인지 알도록 하는 것이며, '인권을 위한 교육'은 실제로 인권을 위한 노력을 할 수 있도록 하는 교육을 말한다. 이는 타인의 인권을 보호하려고 할 뿐만 아니라, 학습자 스스로 자신의 의지로 인권을 기꺼이 받아들이고, 일상생활에서 인권의 관점으로 지식과 기술을 갖도록 교육하는 것을 말한다. 마지막으로 '인권을 통한 교육'은 인권을 알고 일상생활에서 자연스럽게 실천하는 것이다.

인권교육은 그 결과가 쉽게 드러나지는 않지만 사회 성원들의 인식을 변화시키고 인권의식을 확장해 나가는 강력한 수단이 될 수 있다. 모든 사람은 자신이 향유할 수 있는 인권과 기본적 자유에 관한 정보를 알고 청구하며 인정받을 권리를 갖고 있으며 인권교육을 받을 수 있는 권리, 접근할 수 있는 권리를 갖고 있다고 규정되어 있다.

결과적으로 인권교육은 모든 인권과 기본적 자유에 대한 보편적 존중의 증진과 수호를 목표로 하는 교육, 훈련 정보, 인식개선, 학습 활동을 포괄한다. 즉, 인권교육은 인권에 관한 지식과 기술을 제공하고 인권에 대한 가치관과 태도를 이해하여, 인권 친화적 행동의 발달을 통해 인권침해와 학대를 예방하고 보편적 인권문화를 구축하며 증진할 수 있도록 역량 강화에 이바지하게 하는 데 주요한 목적이 있다고 볼 수 있다(The National Human Rights Commission, 2006).

## 2) 아동 인권교육의 필요성

아동 인권에 대한 인식증진은 국가의 모든 구성원이 반드시 가져야 할 관념이며 의무이다. 인간은 타인과 관계 속에 살아가기 때문에 다양한 권리를 주장하는 상황에 놓이게 되며, 나와 타인이 동시에 인권침해 상황에 노출될 수 있다. 따라서 인권에 대한 개인의 인권의식은 매우 중요하다. 인권에 대한 상황인식은 개인마다 다르기 때문에 대처방법은 달라질 수밖에 없다.

인권교육은 '개인이 기타의 모든 사람들을 향하여 제기할 수 있는 최소한의 합당한 청구권'이며, 국가에 대하여 도덕적 권리들을 실정법적으로 제도화하여 보장해 줄 것을 요구할 수 있는 강한 의미의 도덕적 청구권이다(조효제, 2015). 특히 한국에서 자신의 권리를 지각하고 주장할 수 있는 아동은 매우 적다. 이것은 아동이 교육을 통해 자신의 권리가 무엇인지 교육받지 못했고, 자신의 권리를 주장할 수 있는 능력을 기르지 못했기 때문이다.

따라서 공동체 구성원으로서 아동뿐만 아니라 모든 사람들은 인권교육을 통해 권리주체자인 동시에 의무담지자로 역할을 수행할 수 있도록 하여야 한다. 특히 동아시아 지역의 가족관은 아동을 권리의 주체로 인식하지 않고 부모의 소유물이나 부모=가족으로 동일시하는 경향이 크다. 따라서 가족문제의 원인이나 해결방법에 있어서 부모와 가족을 일체형으로 인식하는 현상으로 인해 극단상황에서는 부모와 자녀의 동반자살을 택하는 현상도 발생하고 있다(류미령, 2017). 이러한 현상으로 인해 아동 인권에 대한 인식전환이 그 해결방법으로 모색되고 있다. 아동 인권에 대한 핵심적인 해결방안의 일환으로 성인의 인식전환을 위한 인권교육이 필요하며 이를 통해 아동의 인권이 보호될 수 있다는 것이다. 또한 아동이 자신에게 가장 최선의 이익은 무엇이며 스스로 자신의 삶에 주인이 될 수 있는지를 판단할 수 있는 다양한 권리교육을 통해 아동의 적극적인 기회를 보장해 줄 필요가 있다(문영희, 2010). 아동은 자신과 타인의 권리에 대해 학습하고, 권리의 핵심적인 주체이자 요구자로서 교육 받아야 하는 것이다.

## 2. 인권과 존중에 대한 인식

### (1) 인권의 필요성 알기

# 인권이란 무엇일까요?

세상에 살고 있는 모든 사람은 무수히 많은 기본적 권리를 가지고 있습니다. 부자든 가난하든, 크든 작든, 젊든 늙었든, 여성이든 남성이든, 피부색이 희든 갈색이든, 불교든 이슬람교든, 대통령이든 시민이든, 모든 인간은 마땅히 모든 기본적 권리를 누릴 자격을 가지고 있습니다.

인간의 기본 권리인 인권은 인간의 존엄성을 전제로 하며, 인간의 존엄성은 인간의 생존과 기본적 자유의 핵심을 의미합니다. 인권은 인간의 존엄성을 기본으로 하기 때문에 국가나 법률에 의하여 보장 받는 것을 넘어서는 절대적인 권리입니다. 인간의 존엄성은 모든 권리의 출발점이므로 각국의 헌법을 포함한 실정법 등에 나타난 모든 권리는 결국 인간의 존엄성을 실현하기 위한 것입니다.

# 인권에 대한 나만의 정의를 적어 보세요.

내가 생각하는 **인권**이란?

- 인권은 '양말'이다.
  하나로는 부족하고 양말 두 개가 '함께' 있어야 한 켤레가 되기 때문이다.
- 인권은 '기차'다.
  모든 칸이 '함께' 달려가기 때문이다.

# 존중이란 무엇일까요?

존중이란 자신과 타인을 대할 때 마음을 열고 자신을 있는 그대로 받아들이며, 타인을 있는 그대로 받아들일 수 있는 가치관과 태도를 의미합니다.

타인에게 귀를 기울이고 타인을 이해하고 인정하며, 나의 것을 나누려고 노력하는 것을 말합니다. 또한 자신과 타인 모두 소중한 개인이며 동등한 권리를 공평하게 누려야 한다는 사실을 아는 것입니다.

# 소중한 나의 존중의 경험을 적어 보세요.

## ⑵ 아동의 인권 바로 알기

아동은 오랫동안 한 인간이기보다는 아직 어른이 되지 못한 '미완성의 인간'으로 노동을 하는 하나의 수단 또는 부모의 소유물로 여겨져 왔다. 또한 아동이 자신의 문제에 대해 스스로 결정하기보다는 부모의 뜻에 순종하는 것을 미덕으로 삼기도 했다.

20세기에 들어서 아동발달에 관한 과학적 연구를 바탕으로 아동에 대한 인식이 달라지게 되었다. 하지만 아동이 의견을 말할 권리나 스스로의 문제에 대해 결정할 수 있는 권리, 다양한 정보를 접할 수 있는 권리 등 '참여권'에 대해서는 여전히 제한되었다. 세계대전으로 어려움에 처한 아동을 구제하는 세계적인 분위기와 관심 속에서 아동의 권리와 관련된 다양한 움직임이 일기 시작하였으며, 1959년에 아동의 권리에 대한 인식의 전환이 비로소 이루어졌다. 아동을 '보호' 받아야 하는 대상으로 보는 관점에서 주체적인 권리를 지닌 하나의 인격체로 인식하게 된 것이다.

유엔아동권리선언은 아동을 권리의 주체로 인식하고 아동의 권리를 더욱 구체화하였고, 세계인권선언의 보편적 인권 이념을 바탕으로 아동의 특수성을 강조하는 아동의 권리를 강조하였다. 1989년 11월 20일 유엔총회는 유엔아동권리협약(CRC, Convention on the Rights of the Child)이라는 국제적인 인권조약을 채택하였다. 아동의 생존, 보호, 발달, 참여의 권리 등 아동 인권과 관련된 모든 권리를 규정하고 있으며, 아동을 단순한 보호의 대상이 아닌 권리의 주체로 생각한 조약이다. 우리나라를 포함한 193개국의 비준을 받음으로써 전 세계적으로 가장 많은 국가의 비준을 받은 국제법이다. 아동권리협약을 비준한 나라의 정부는 협약에 명시된 모든 아동의 권리를 보장해야 할 책임과 의무가 있다.

## 유엔아동권리협약

| | |
|---|---|
| 제1조 | 아동의 범위는 특별히 따로 법으로 정하지 않는 한 18세 미만까지로 한다. |
| 제2조 | 모든 아동은 인종이나 성별, 종교, 사회적 신분 등에 따른 어떤 종류의 차별로부터 보호 받아야 한다. |
| 제3조 | 당사국 정부는 아동의 이익을 최우선으로 고려하여 정책을 수립하고 시행해야 한다. |
| 제4조 | 당사국 정부는 본 협약이 인정한 아동의 권리 실현을 위해 적절한 행정적, 입법적 조치를 취하여야 한다. |
| 제5조 | 당사국 정부는 아동의 부모, 또는 보호자가 아동의 능력 발달에 맞도록 적절한 감독과 지도를 행할 책임을 가지고 있음을 존중해야 한다. |
| 제6조 | 모든 아동은 생명을 존중 받을 권리를 가지고 있으며, 당사국 정부는 아동의 생존과 발달을 최대한 보장해야 한다. |
| 제7조 | 모든 아동은 이름과 국적을 가질 권리를 지니며, 부모가 누군지 알고, 부모로부터 양육 받을 권리를 지닌다. |
| 제8조 | 당사국 정부는 이름과 국적, 가족관계 등 아동의 신분 보장을 위해 필요한 사항들을 법률로써 보장해야 한다. |
| 제9조 | 모든 아동은 아동의 이익이 침해당하는 경우가 아닌 한 부모와 함께 살 권리를 지니며, 부모와 떨어져 살 경우 부모를 만날 권리를 가진다. |
| 제10조 | 당사국 정부는 아동 또는 부모가 서로 간의 면접을 위해 출국이나 입국을 신청할 때 이를 신속히 받아들여 부모와 자녀 간에 관계를 유지할 수 있도록 보장하여야 한다. |
| 제11조 | 당사국 정부는 아동의 불법 해외 이송 및 강제 해외 체류를 막기 위해 협정 체결 등의 조치를 취해야 한다. |
| 제12조 | 당사국 정부는 모든 아동이 자신에게 영향을 미치는 사건에 대해 의견을 말할 권리를 보장하여야 하며, 아동의 견해에 정당한 비중을 두도록 해야 한다. |
| 제13조 | 모든 아동은 표현의 자유를 지니며, 국경과 관계없이 모든 종류의 정보와 사상을 접하고, 전달할 권리를 가진다. |
| 제14조 | 모든 아동은 사상과 양심, 종교의 자유를 가진다. |
| 제15조 | 모든 아동은 평화로운 결사와 집회의 자유를 가진다. |
| 제16조 | 모든 아동은 가족이나 가정, 통신 등 사생활에 있어 위법적인 간섭을 받지 않을 권리와 명예에 대하여 위법적인 공격을 받지 않을 권리를 지닌다. |

| 제17조 | 모든 아동은 국내와 국외로부터 필요한 정보를 얻을 수 있어야 하며, 대중 매체는 아동에게 유해한 정보를 지양하고 이익이 되는 정보만을 제공해야 한다. |
|---|---|
| 제18조 | 부모는 아동 양육에 공동 책임을 져야 하며, 당사국 정부는 부모가 이러한 책임을 다하도록 지원해 주어야 한다. |
| 제19조 | 모든 아동은 폭력과 학대, 유기로부터 보호 받아야 하며, 당사국 정부는 아동학대를 막고, 학대로 고통 받는 아동을 보호하기 위한 조치를 취해야 한다. |
| 제20조 | 당사국 정부는 가족이 없는 아동에게 양부모나 보호시설 등을 제공해서 특별히 보호해야 하며, 시설을 선택할 때는 아동의 인종이나 종교, 문화적인 배경을 충분히 고려해야 한다. |
| 제21조 | 입양제도를 인정할 경우 당사국은 입양을 결정함에 있어 아동의 이익을 최우선적으로 고려해야 하며, 권위 있는 관계당국에 의해서만 입양이 이루어지도록 보장해야 한다. |
| 제22조 | 당사국 정부는 난민아동이 특별한 보호를 받을 수 있도록 적절한 조치를 취하여야 한다. |
| 제23조 | 당사국은 장애아동이 인격을 존중받고 자립하여 사회 참여를 할 수 있도록 특별한 보호와 교육을 제공하여야 한다. |
| 제24조 | 당사국 정부는 아동이 최상의 건강 수준을 누릴 수 있도록 아동에게 적절한 보건서비스를 제공해야만 한다. |
| 제25조 | 당사국 정부는 보호나 치료의 목적으로 관계당국에 의해 양육 지정된 아동의 양육 상태를 정기적으로 심사하여야 한다. |
| 제26조 | 모든 아동은 사회보험을 포함, 사회보장제도의 혜택을 받을 권리를 가진다. |
| 제27조 | 모든 아동은 신체적, 정신적, 사회적 발달에 적합한 생활수준을 누릴 권리를 가진다. 부모는 아동의 발달에 필요한 생활 여건을 확보하는 1차적 책임을 지며 당사국 정부는 부모가 책임을 완수하도록 보장하여야 한다. |
| 제28조 | 당사국 정부는 모든 아동이 균등한 교육의 기회를 가지고 있음을 인정하고 초등교육을 의무화해야 하는 한편 중등교육과 고등교육의 발전을 위해 적절한 조치를 취하여야 한다. |
| 제29조 | 교육은 아동의 인격 및 재능, 정신적, 신체적 능력을 최대한 개발하는 방향으로 행해져야 하며, 아동들이 모든 관계에 있어 이해와 평화, 관용, 평등, 우정의 정신에 입각해 책임 있는 삶을 준비해 나가도록 행해져야 한다. |

| | |
|---|---|
| 제30조 | 소수민족의 아동은 그들 자신의 문화와 종교를 누리고, 고유의 언어를 사용할 권리를 가진다. |
| 제31조 | 모든 아동은 적절한 휴식과 여가 생활을 즐기며, 문화 예술 활동에 참여할 권리를 가진다. |
| 제32조 | 모든 아동은 경제적으로 착취당해서는 안 되며, 건강과 발달을 위협하고 교육에 지장을 주는 유해한 노동으로부터 보호 받아야 한다. |
| 제33조 | 당사국 정부는 마약 등의 약물로부터 아동을 보호하여야 하며, 약물의 생산과 거래에 아동이 이용되는 것을 막기 위하여 모든 적절한 조치를 취하여야 한다. |
| 제34조 | 당사국 정부는 모든 형태의 성적 착취와 성폭력으로부터 아동을 보호할 의무를 지며, 의무 이행을 위하여 아동을 성적으로 이용하는 모든 행위를 방지하기 위한 조치를 취하여야 한다. |
| 제35조 | 당사국 정부는 아동을 대상으로 한 모든 형태의 약취유인이나 매매, 거래를 방지하기 위한 조치를 취하여야 한다. |
| 제36조 | 당사국 정부는 아동복지에 해가 되는 모든 형태의 착취로부터 아동을 보호하여야 한다. |
| 제37조 | 모든 아동은 고문이나, 잔혹행위, 위법적인 체포나 구금, 사형이나 종신형 등의 형벌로부터 보호 받아야 한다. 당사국은 구금된 아동을 성인수감자와 격리시켜야 하며, 가족과 접촉할 권리, 신속하고 적절한 법적 판결을 받을 권리를 보장해 주어야 한다. |
| 제38조 | 15세 미만의 아동은 군대에 징집되어서는 안 되며, 분쟁지역의 아동은 특별한 보호를 받아야 한다. |
| 제39조 | 당사국 정부는 무력분쟁과 고문, 학대, 폭력 등을 경험한 아동의 신체적, 정신적 회복 및 사회 복귀를 촉진하기 위한 모든 조치를 취해야 한다. |
| 제40조 | 당사국 정부는 형법상 유죄로 인정받은 모든 아동이 사회에 복귀하여 건설적인 역할을 담당하도록 하기 위하여 인권과 타인의 자유에 대해 존중하는 생각을 키워주고 공정한 재판을 받도록 보장해 주어야 한다. |

출처: UN, 1989

유엔아동권리협약에는 이 세상 어린이라면 누구나
마땅히 누려야 할 4가지의 권리가 담겨 있습니다.
설명을 보고 아동이 누려야 권리를 원 안에 작성해 보세요.

적절한 생활수준을 누릴 권리,
안전한 주거지에서 살아갈 권리,
충분한 영양을 섭취하고 기본적인
보건서비스를 받을 권리 등,
기본적인 삶을 누리는 데 필요한 권리

모든 형태의 학대와
방임,
차별, 폭력, 고문, 징집,
부당한 형사처벌,
과도한 노동,
약물과 성폭력 등
유해한 것으로부터
보호받을 권리

모든 아동이
누려야 할 권리

자신의 생활에 영향을
주는 일에 대해 의견을
말하고 존중 받을 권리,
표현의 자유, 양심과
종교의 자유, 평화로운
방법으로 모임을
자유롭게 열 수 있는 권리,
사생활을 보호받을 권리,
유익한 정보를 얻을 권리

잠재능력을 최대한 발휘하는 데 필요한 권리,
교육받을 권리, 여가를 즐길 권리,
문화생활을 하고 정보를 얻을 권리,
생각과 양심과 종교의 자유를 누릴 수 있는 권리 등

## ⑶ 아동의 목소리 - 말랄라 유사프자이

1997년에 태어난 말랄라는 파키스탄 북부 스와트 밸리에서 자랐다. 어렸을 때부터 아버지가 세운 학교에서 자연스럽게 교육을 받았고, 10살 때부터 여성도 교육 받을 권리가 있다고 주장하며 교육운동을 펼치고 있다. 영국 BBC 방송 블로그에 익명으로 탈레반에 점령당한 일상과 여성도 교육을 받아야 한다고 신념을 밝힌 글을 연재하던 말랄라는 2012년 10월, 학교 버스를 타고 집으로 돌아가던 중 탈레반 대원이 쏜 총에 머리를 맞았다. 함께 있던 친구 두 명도 상처를 입었다. 말랄라는 영국으로 옮겨져 기적적으로 건강을 회복하고 계속해서 여성 교육운동을 이어나가고 있다. 하지만 탈레반은 계속 말랄라를 표적으로 삼으며 말랄라의 목숨을 위협하고 있다. 현재 말라라는 여성 교육을 위한 운동가로 활약하고 있으며 2014년에는 최연소 노벨 평화상을 수상하였다.

*"탈레반은 제 왼쪽 이마에 총을 쐈습니다. 그들은 제 친구들도 쐈습니다. 그들은 그 총알로 우리 입을 막을 거라 생각했겠죠. 하지만 변한 건 없습니다. 오히려 약함, 두려움, 절망이 사망했고 힘, 능력, 용기가 태어났습니다. 전 그때와 똑같은 말랄라입니다. 제 희망도 변치 않았습니다. 제 꿈도 똑같습니다. 우린 어둠을 접할 때 빛의 중요성을 깨닫습니다. 우린 잠자코 있어야 할 때 목소리의 중요성을 깨닫습니다. 우린 말의 힘과 파급력을 믿습니다. 오늘은 자신의 권리를 위해 목소리를 높인 모든 여성, 모든 소년, 모든 소녀를 위한 날입니다. 책과 펜을 듭시다."*

*- 2013 UN 연설 -*

*"한 명의 아이,*
*한 명의 선생님,*
*한 권의 책,*
*한 개의 펜이*
*세상을 바꿀 수 있습니다."*
*- 말랄라 -*

실천을 위한 약속을 적어 보세요.

## 3. 아동 인권교육 프로그램

### (1) 인권교육의 목적 및 요소

인권교육은 다음과 같이 지식의 공유, 기술의 전수, 태도의 형성을 통해 보편적인 인권문화를 형성하고 인권에 대한 교육, 훈련, 정보전달을 목적으로 한다.

- 인권과 기본적인 자유에 대한 존중을 강화한다.
- 인격과 인간존엄성을 완전히 발전시킨다.
- 모든 국민, 인종, 국적, 민족, 종교, 언어 집단 내에서 이해, 관용, 성평등, 우애를 증진시킨다.
- 법에 의해 통치되는 자유민주사회에 모든 사람이 효과적으로 참여할 수 있도록 한다.
- 평화를 구축하고 유지한다.
- 인간중심의 지속가능한 발전과 사회정의를 증진시킨다.

인권교육은 다음과 같은 요소를 포함한다.
- 지식과 기술: 인권과 인권보호를 위한 기제를 배우고 습득한 기술을 일상생활에 적용한다.
- 가치, 태도, 행위: 인권을 지지하는 가치를 발전시키고, 그러한 태도와 행위를 강화한다.
- 행동: 인권을 보호하고 증진시키는 행동을 취한다.

## (2) 인권교육 프로그램의 목적

인권교육 프로그램의 목적은 다음과 같다.

• 인권문화 발달을 증진시킨다.

• 국제협약에 기초하여 인권교육의 기본원리와 방법론에 대한 공통의
이해를 증진시킨다.

• 국가적, 지역적, 국제적 수준에서 인권교육에 중점을 두도록 보장한다.

• 모든 관련 행위자들이 만든 공통의 집단적 행동 틀을 제공한다.

• 모든 수준에서 파트너십과 협력을 증진한다.

• 현존하는 인권교육 프로그램을 평가하고 지원한다.


인권교육 프로그램의 내용은 다음과 같은 원칙에 근거한다.

• 정치, 경제, 사회, 문화의 권리와 개발권을 포함하여 인권의 독립성,
불가분성, 보편성을 장려한다.

• 차이를 존중하고 인정하며, 인종, 성, 언어, 종교, 정치 등에 근거한
편견을 반대하도록 육성한다.

• 지속적 혹은 돌발적으로 발생하는 인권 문제(빈곤, 물리적 갈등과
차별을 포함)를 분석하도록 격려한다.

• 공동체와 개인들이 그들의 인권 요구를 적시하고 실현하도록 힘을
기른다.

• 상이한 문화적 맥락에 맞는 인권 원칙을 세우고, 각 국가의 역사적,
사회적 발전 정도를 고려한다.

• 지방, 국가, 지역, 세계적 수준의 인권문서들과 인권보호 기제에 대
한 지식과 기술을 기른다.

### (3) 인권교육 프로그램의 내용

#### 1) 인권교육 프로그램의 설계

| 단계 | 구성요인 | 목표 | 내용 |
|---|---|---|---|
| 이해 | 지식과 기술 | 인권교육의 기본원리와 방법론에 대한 공통의 이해를 증진 | • 인권의 의미와 필요성 이해<br>• 차이를 존중하고 편견에 반대하도록 육성 |
| 습득 | 가치와 태도 | 인간중심의 지속가능한 발전과 사회정의를 증진 | • 인권에 대한 지식을 적용하여 창의적으로 문제를 해결<br>• 실현하도록 하는 힘을 길러 인권 감수성의 함양 |
| 실천 | 행위와 행동 | 평화를 위한 파트너십과 협력 증진 | • 평화적 협력증진을 위한 방안 모색<br>• 인권을 보호하고 실천을 계획 |

**이해**
• 인권의 의미와 필요성 이해
• 차이를 존중하고 편견에 반대하도록 육성

**습득**
• 인권에 대한 지식을 적용하여 창의적으로 문제를 해결
• 실현하도록 하는 힘을 길러 인권 감수성의 함양

**실천**
• 평화적 협력증진을 위한 방안 모색
• 인권을 보호하고 실천을 계획

## 2) 아동 인권교육 프로그램의 세부내용

■아동 인권교육 프로그램 1

| 주제 | 인권이란 무엇일까요? |
|------|------|
| 학습목표 | 인권교육의 기본원리와 방법론에 대한 공통의 이해를 증진시킨다. |
| 학습내용 | 인권의 의미와 필요성을 알고 이해한다. |

| 단계 | 활동내용 |
|------|----------|
| 도입 | • 인권의 의미 생각하기<br> − 서로를 존중하는 것이 중요함을 확인하고 일상생활에서 존중 받았을 때와 존중 받지 못했을 때를 생각해 본다.<br> − 각각의 경우에 마음이 어떠했는지 발표한다. |
| 전개 | • 인권의 필요성 이해하기<br> − 유엔아동권리협약(활동지 1−1.)을 읽어 보고 인권의 개념과 주요 내용을 파악하여 필요성을 이해한다.<br>• 인권의 필요성 알기<br> − 인권이 왜 필요한 것인지를 자신의 경험을 바탕으로 활동지 1−2.에 적어 본다.<br> − 표현한 내용을 발표하며 인권의 필요성을 알아본다.<br>• 나의 인권온도 측정하기<br> − 학습한 내용을 바탕으로 활동지 1−3.을 작성하여 나의 인권 점수를 파악하여 부족한 것과 필요한 것이 무엇인지 알아본다. |
| 마무리 | • 인권의 의미와 필요성 정리하기<br> − 학교생활에서 친구들과 인권을 존중 받을 수 있도록 서로 노력하는 것에 대하여 토론하고 서로에게 피드백을 한다. |

# ■ 활동지 1-1.

| |
|---|
| **어린이를 위한 약속**<br>**유엔아동권리협약**<br><br>1989년 11월 20일 유엔이 채택한 어린이 권리조약으로 한국을 포함한 세계 196개국이 이 협약을 지킬 것을 약속했습니다. 어린이의 생존·발달·참여와 관련된 전문과 54개 조항으로 구성되며 실제적인 아동권리 40가지를 담고 있습니다. |

**1조 아동의 범위**
18세가 안 된 우리 모두는 이 협약에 적힌 권리를 가지고 있습니다.

**2조 차별 안 하기**
우리는 절대 차별 받아서는 안 됩니다. 우리와 우리의 부모님이 어떤 사람이건, 어떤 인종이건, 어떤 종교를 믿건, 어떤 언어를 사용하건, 부자건 가난하건, 장애가 있건 없건 모두 동등한 권리를 누려야 합니다.

**3조 어린이를 제일 먼저**
정부나 사회복지기관, 법원 등 우리와 관련된 일을 하는 모든 기관은 우리에게 무엇이 가장 이익이 되는지 그 점을 제일 먼저 생각해야 합니다.

**4조 정부의 할 일**
정부는 우리의 권리를 지켜 주기 위해 필요한 모든 일을 해야 합니다.

**5조 부모님의 지도**
우리의 부모님이나 우리를 보호하는 다른 어른들은 우리를 교육할 권리와 책임이 있습니다.

**6조 생존과 발달**
우리는 타고난 생명을 보호 받고 건강하게 자랄 권리가 있습니다.

**7조 이름과 국적**
우리는 이름과 국적을 가질 권리가 있으며 부모가 누구인지 알고 부모의 보살핌을 받을 권리가 있습니다.

**8조 신분 되찾기**
우리가 이름과 국적 등을 빼앗긴 경우 정부는 이를 신속하게 다시 찾을 수 있도록 도와주어야 합니다.

**9조 부모와의 이별**
부모님과 함께 사는 것이 우리에게 나쁜 영향을 미치지 않는 한 우리는 부모님과 함께 살아야 합니다. 어쩔 수 없이 헤어져 살아야 하는 경우 정기적으로 엄마와 아빠를 모두 만날 수 있어야 합니다.

**10조 가족과의 재결합**
우리가 부모님과 떨어져 다른 나라에 살고 있는 경우 정부는 우리가 다시 부모님과 함께 살거나 계속 만날 수 있도록 입국이나 출국을 쉽게 허가해 주어야 합니다.

**11조 내 나라에서 살기**
우리를 강제로 외국으로 보내서는 안 됩니다. 그런 경우 정부는 우리가 돌아올 수 있도록 모든 노력을 다해야 합니다.

**12조 의견 존중**
우리에게 영향을 미치는 문제를 결정할 때 우리는 의견을 말할 권리가 있습니다. 어른들은 우리의 의견에 귀를 기울여야 합니다.

**13조 표현의 자유**
우리는 말이나 글, 예술을 통해 우리의 생각을 표현할 권리가 있으며 국경을 넘어 모든 정보와 생각을 서로 주고받을 수 있는 권리도 있습니다.

**14조 양심과 종교의 자유**
우리는 자유롭게 생각하고 우리의 양심에 따라 행동하며 원하는 종교를 가질 수 있어야 합니다.

**15조 모임의 자유**
우리는 모임을 자유롭게 조직할 수 있어야 하며 우리의 목적을 위해 평화로운 방법으로 모임을 열 수 있어야 합니다.

**16조 사생활 보호**
우리는 사생활을 간섭 받지 않아야 합니다. 우리가 주고받는 전화나 메일 등을 다른 사람이 맘대로 보아서는 안 됩니다.

**17조 유익한 정보 얻기**
우리는 우리에게 도움이 되는 정보를 얻을 수 있어야 합니다. 정부는 해로운 정보로부터 우리를 보호하는 한편 우리에게 유익한 도서의 제작 등을 장려해야 합니다.

**18조 부모의 책임**
부모님은 우리에게 무엇이 필요한지 알고 우리를 잘 기를 책임이 있습니다. 정부는 우리의 부모가 우리를 잘 기를 수 있도록 도와주어야 하며 특히 맞벌이 부부의 자녀들이 좋은 시설에서 자랄 수 있도록 해 주어야 합니다.

**19조 폭력과 학대**
우리의 부모님이나 보호자가 정신적·신체적으로 우리에게 폭력을 쓰거나 학대하거나 돌보지 않고 방치하는 일이 없도록 정부는 모든 노력을 해야 합니다.

**20조 가족 없는 어린이**
부모가 없거나 부모와 함께 사는 것이 우리에게 이롭지 않아서 부모와 헤어져 사는 경우, 우리는 특별한 보호와 도움을 받아야 합니다.

**21조 입양**
우리가 입양되어야 할 때, 우리의 입양을 결정하는 곳은 믿을 만한 정부기관이어야 하며 부모나 친척 등 우리와 관련된 어른들의 동의를 얻어야 합니다.

**22조 난민 어린이**
전쟁이나 자연재해 등으로 난민이 되었을 때 우리는 특별한 보호와 도움을 받아야 하며 우리가 가족과 헤어졌을 때 우리에게 가족을 찾아 주어야 합니다.

**23조 장애아 보호**
우리가 정신적으로나 신체적으로 장애를 가졌을 때 우리는 특별한 보호를 받아야 합니다.

**24조 영양과 보건**
우리는 건강하게 자랄 권리가 있습니다. 충분한 영양을 섭취하고 깨끗한 물을 얻을 수 있어야 하며 병원이나 보건소 등에서 치료 받을 수 있어야 합니다.

**25조 시설아동 실태 조사**
우리를 잘 보호하고 치료하기 위해 정부가 우리를 특정한 시설에서 키우도록 한 경우, 정부는 우리가 어떻게 자라고 있는지 정기적으로 조사해야 합니다.

**26조 사회보장제도**
정부는 우리의 권리를 지켜줄 수 있는 사회보장제도를 만들어 주어야 합니다.

**27조 적절한 생활수준**
우리는 제대로 먹고 입고 교육 받을 수 있는 생활수준에서 자라야 합니다.

**28조 교육**
우리는 교육 받을 권리가 있습니다. 초등교육을 무료로 받을 수 있어야 하며 능력에 맞게 더 높은 교육도 받을 수 있어야 합니다.

**29조 교육의 목적**
우리는 교육을 통해 인격과 재능, 정신적·신체적 능력을 마음껏 개발하고 인권과 자유, 이해와 평화의 정신을 배울 수 있어야 합니다.

**30조 소수민족 어린이**
소수민족인 우리는 고유의 문화 속에서 우리의 종교를 믿고 우리의 언어를 사용할 권리가 있습니다.

**31조 여가와 놀이**
우리는 충분히 쉬고 놀 권리가 있습니다.

**32조 어린이 노동**
우리는 위험하거나 교육에 방해가 되거나 우리의 몸과 마음에 해가 되는 노동을 해서는 안 됩니다.

**33조 해로운 약물**
우리는 마약을 만들고 판매하는 행위에 이용되어서는 안 됩니다.

**34조 성 착취**
성적으로 학대하거나 성과 관련된 활동에 우리를 이용해서는 안 됩니다.

**35조 인신매매와 유괴**
정부는 우리가 유괴를 당하거나 물건처럼 사고 팔리지 않도록 모든 노력을 다해야 합니다.

**36조 모든 착취로부터의 보호**
정부는 우리를 나쁜 방법으로 이용해 우리의 복지를 해치는 어른들의 모든 이기적인 행동으로부터 우리를 보호해야 합니다.

**37조 어린이 범죄자 보호**
우리에게 사형이나 종신형을 내릴 수 없으며 우리를 고문해서도 안 됩니다. 우리를 체포하거나 가두는 일은 최후의 방법으로 선택해야 합니다. 우리를 어른 범죄자와 함께 지내게 해서도 안 됩니다.

**38조 전쟁 속의 어린이**
우리는 전쟁지역에서 특별한 보호를 받아야 하며 15세 미만일 때에는 절대 군대에 들어가거나 전투 행위에 참여해서는 안 됩니다.

**39조 몸과 마음의 회복**
우리가 학대 받거나 버려지거나 고문을 당했거나 전쟁 중에 고통 받은 경우, 정부는 우리가 몸과 마음을 회복할 수 있도록 모든 노력을 해야 합니다.

**40조 공정한 재판과 대우**
범죄혐의를 받은 경우 우리는 변호사의 도움을 받아야 하고 신속하고 공정한 재판을 받아야 합니다. 우리에게 증언이나 자백을 강요해서도 안 됩니다. 재판과정에서 사생활을 보호 받아야 하며 사법절차의 모든 단계를 거쳐야 합니다.

출처: 유니세프 한국위원회

## ■ 활동지 1-2.

• 자신의 경험을 바탕으로 인권의 필요성을 아래에 적어 보세요.

---

---

---

---

---

---

---

---

---

---

---

## ■ 활동지 1-3.

---

나는 얼마나 권리를 누리고 있을까요? □ 안에 ∨표를 해 보세요.

| | | |
|---|---|---|
| 1 | 나는 배불리 먹고 따뜻한 잠자리에서 잠을 잡니다. | □ |
| 2 | 나는 부모님과 함께 살고 있습니다. | □ |
| 3 | 나는 마음껏 공부하고 배울 수 있습니다. | □ |
| 4 | 나는 원하는 친구를 사귈 수 있고 모임에 자유롭게 참여할 수 있습니다. | □ |
| 5 | 나는 학교나 가정에서 차별이나 따돌림을 받지 않습니다. | □ |
| 6 | 나는 내가 원하는 종교를 믿을 수 있습니다. | □ |
| 7 | 부모님은 내가 나의 진로나 내 의견을 말하면 잘 들어줍니다. | □ |
| 8 | 나는 원할 때 쉬고 놀 수 있습니다. | □ |
| 9 | 어른들은 나의 문자 내용이나 일기 등을 마음대로 보지 않습니다. | □ |
| 10 | 나는 학교나 가정에서 폭력을 당하거나 학대 받지 않습니다. | □ |

나의 점수는 _____점

---

나는 얼마나 권리를 지켜주고 있을까요? □ 안에 ∨표를 해 보세요.

| | | |
|---|---|---|
| 1 | 나는 친구를 일부러 괴롭히거나 따돌리지 않습니다. | □ |
| 2 | 나는 인종이 다르거나 가난하다는 이유로 친구를 차별하지 않습니다. | □ |
| 3 | 장애를 가진 친구가 어려움을 겪고 있으면 달려가 도와줍니다. | □ |
| 4 | 나는 우리에게 해로운 정보를 친구들에게 전달하지 않습니다. | □ |
| 5 | 나는 술이나 담배 등을 친구에게 권하지 않습니다. | □ |
| 6 | 나는 모임에서 친구들이 나와 반대되는 의견을 말해도 잘 들어줍니다. | □ |
| 7 | 나는 친구의 문자를 함부로 보지 않으며 전화 내용을 엿듣지 않습니다. | □ |
| 8 | 나는 나의 생각이나 종교, 신념 등을 친구에게 강요하지 않습니다. | □ |
| 9 | 나는 친구나 그 가족을 함부로 비방하지 않습니다. | □ |
| 10 | 폭력을 심하게 당하는 친구를 보면 주변의 도움을 청합니다. | □ |

나의 점수는 _____점

출처: 우리가 가진 권리 우리가 지켜주는 권리(유니세프 한국위원회)

■아동 인권교육 프로그램 2

| 주제 | 콩쥐와 신데렐라의 인권을 찾아 주세요! |
|---|---|
| 학습목표 | 인간중심의 지속가능한 발전과 사회정의를 증진시킨다. |
| 학습내용 | 인권에 대한 지식을 적용하여 창의적으로 문제를 해결한다. |

| 단계 | 활 동 내 용 |
|---|---|
| 도입 | • 인권보호의 의미 생각하기<br>　– 우리의 일상생활 속에 인권침해가 일어난 상황에 대하여 생각해 보고 이야기를 나눈다. |
| 전개 | • 아동 노동에서 인권침해 알아보기<br>　– 아동 노동의 인권침해를 활동지 1–4.를 읽으며 알아본다.<br>• 전래동화 속에서 인권침해 상황 찾아보기<br>　– 모둠을 나누어 『콩쥐 팥쥐』, 『신데렐라』를 읽고 동화책 속에서 주인공의 인권침해 상황을 찾아보고 활동지 1–5.에 적어 본다.<br>• 전래동화의 내용을 재구성하기<br>　– 동화 속의 주인공이 인권침해를 받지 않고 어떻게 하면 인권을 보호받을 수 있는지 자신만의 방법으로 동화 내용을 활동지 1–6.에 재구성해 본다. |
| 마무리 | • 인권보호를 위한 약속하기<br>　– '어린이의 약속'을 함께 읽고 활동지 1–7.에 이름을 쓴 뒤 서명한다. |

## ■ 활동지 1-4.

*"너무 너무 힘들어요."*

세계에서 노동을 하고 있는 아동은 모두 2억 1,500만 명이며, 이 가운데 절반 이상인 1억 1,500만 명이 각종 독성물질과 날카로운 기계, 고통스러운 자세 등 위험한 작업환경에서 일을 하고 있어요.

성인보다 인건비가 싸고 고분고분하며 훈련시키기 쉽다고 생각하기 때문에 위험한 작업장에서 일을 많이 시키고 있어요.

*"학교에 가고 싶어요."*

전 세계 어린이 5,780만 명이 학교에 다니지 못해요. 어린이들은 살면서 중요한 것들을 학교에서 많이 배워야 하는데 학교를 다니지 못해 기본적인 것들을 배우지 못하면 어려움을 겪게 되지요. 학교에서는 읽고, 쓰고, 계산하는 것과 다른 친구들과 협력하고 자립하는 법도 배우지요. 이 모든 것이 매우 소중한 경험이에요. 학교에 다닐 수 없다면 표지판을 읽지 못해 길을 헤맬 수도 있고, 계산을 못해서 쉽게 속을 수도 있으며, 글을 쓰지 못해서 누군가에게 소식을 전할 수도 없어요.

"어린이들은 학대, 폭력, 차별, 약물, 노동, 군대 징집, 유괴, 인신매매, 성 착취 등 모든 형태의 위험으로부터 **보호받을 권리**가 있습니다.

만일 위험에 빠진 어린이가 있다면 모두가 어린이들을 보호하도록 노력해야 합니다."

# ■ 활동지 1-5.

- 콩쥐의 인권침해

- 신데렐라의 인권침해

## ■ 활동지 1-6.

- 권리를 찾는 콩쥐

- 권리를 찾는 신데렐라

■ **활동지 1-7.**

## 어린이의 약속

나는,
나의 권리를 소중하게 여기며
친구들의 권리도 잘 지켜줄 것을
약속합니다.

다르다는 이유로 차별하지 않으며
무시하거나 괴롭히지 않겠습니다.
어려운 친구들을 도와주겠습니다.
서로 사랑하며 존중할 것을
약속합니다.

어른이 되어도
어린이의 권리를 지켜줄 것을
약속합니다.

이름 _____

■아동 인권교육 프로그램 3

| 주제 | 우리가 꿈꾸는 세상 |
|---|---|
| 학습목표 | 평화와 인권에 대해 생각해 보고 실천방안을 마련해 본다. |
| 학습내용 | 평화적 협력증진을 위한 방안을 모색하고 인권을 보호하고 실천을 계획한다. |
| 단계 | 활동내용 |
| 도입 | • 인권이 보장되는 평화로운 세상에 대하여 생각해 보기<br>　－ Playing for the change: "What a wonderful world" 동영상을 감상하고 각자가 생각하는 평화에 대하여 이야기를 나눈다. |
| 전개 | • '우리가 꿈꾸는 세상'을 그림으로 그려 보기<br>　－ 지구촌 어린이들의 인권을 지켜 주기 위한 다양한 노력들을 살펴보고 내가 할 수 있는 일들에 대해 생각해 본다.<br>　－ 우리가 꿈꾸는 인권이 보장되는 평화로운 세상을 활동지 1-8.에 그려본 후 다른 학생들에게 자신의 그림의 내용을 소개한다.<br>• 인권보호에 대한 나의 의견을 적어 보기<br>　－ 평화를 지키는 인권보호에 대한 나의 의견을 마인드맵을 활용하여 적어 본다(활동지 1-9.).<br>　－ 다른 학생과 함께 자신의 의견을 나누고 실천할 수 있는 구체적인 방안을 활동지 1-9.에 적어 본다. |
| 마무리 | • 인권보호를 위한 약속을 실천하기<br>　－ 평화를 지키는 방법을 정리하고 인권보호를 실천할 것을 서로 약속한다. |

■ 활동지 1-8.

우리가 꿈꾸는 세상

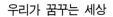

*"모든 어린이는 교육받을 권리가 있어요.*
*충분히 쉬고 놀며, 문화 및 예술 활동에 참여할 수 있어요.*
*어린이는 자유롭게 생각하고 양심에 따라 행동할 수 있으며,*
*원하는 종교를 선택할 수 있어요."*

■ **활동지 1-9.**

- 인권보호를 위한 우리들의 약속

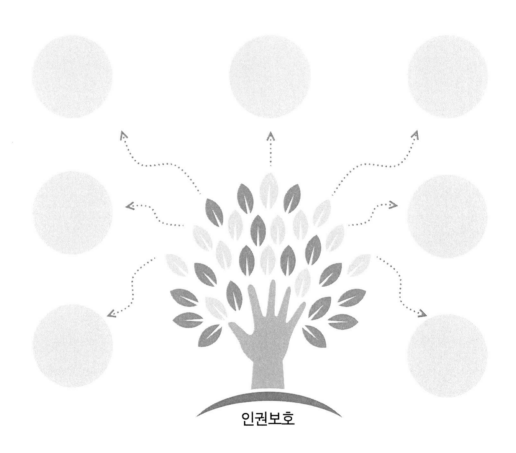

인권보호

• 인권보호를 위한 우리들의 실천

•　_____

•　_____

•　_____

•　_____

•　_____

•　_____

•　_____

•　_____

•　_____

•　_____

•　_____

•　_____

•　_____

# 제2장

# 편견과 차별 없는 사회

## 1. 편견과 차별

단일민족의 신화를 가지고 있던 우리나라 사람들도 이제는 세계화시대의 도래와 함께 여러 다른 문화와 접촉하고 있으며, 앞으로는 그 관계가 더 다양해지고 복잡해질 것이다. 서로 다른 언어·출신배경·세계관을 갖고 있는 사람들이 만나고, 함께 공존하는 상황에서는 세계관과 가치체계가 크게 변화되기도 한다. 문화는 서로 다른 지향과 해석을 형성하고, 개인은 이런 것들에 크게 영향을 받는다. 그래서 현대사회는 문화적인 관점에서도 복합적이고 다원주의적이다.

현재 우리 사회는 사회적 편견과 차별의 기본적인 문제를 피해갈 수 없다. 편견 및 차별과 관련된 사회문제는 인류의 역사에서도 무수히 찾을 수 있다. 하지만 지금 이 시점에서 우리는 세계화라는 사회변동과 관련하여 편견과 차별에 대해 더욱더 깊은 성찰이 필요할 때이다.

## (1) 편견과 차별의 문제

### 1) 편견과 차별에 대한 이해

편견(prejudice)은 사회적 범주나 특성을 토대로 어떤 대상에 대해 가지는 부정적인 선입견이나 판단으로서, 합리적 판단을 거부하는 근거 없는 믿음이나 비이성적인 태도를 지칭한다(Healey, 2007). 고정관념이나 집단 편애주의 등과 같은 개인적 요인과 사회문화적 요인들이 편견의 생성과 표출에 영향을 미친다. 사회학적 요인으로는 사회구조, 문화, 집단관계의 측면으로 나뉘며, 특히 집단 간의 경쟁과 불평등한 지위가 편견의 중요한 변수로 간주된다. 즉 경제적, 정치적 이해관계의 갈등이 편견의 근본 원인이며, 특히 경쟁이 심한 상황에서 편견이 쉽게 발생한다는 것이다.

또한 편견은 다양성에 대한 반응으로서 관찰되기도 하고, 다른 한편으로 정체성을 고착화시키는 기능을 수행하기도 한다. 다양성과 정체성 사이에는 경우에 따라 긴장관계와 갈등이 발생할 수 있다(허영식, 2014). 이러한 편견은 사실들이 알려지기 전 이미 선입견을 가지고 한쪽으로 기울어져 내린 의견이나 판단이라는 의미를 함축하고 있는데, 대체로 긍정적인 뜻보다는 부정적인 의미를 내포하는 경우가 많다. 일반적으로 이 편견이라는 개념은 한쪽으로 치우침, 지나친 단순화, 고정관념(stereotype), 과도한 일반화 등과 깊은 연관이 있다(이인재, 2010).

이러한 편견은 부모 및 또래 집단과 같이 인간관계에서 중요한 영향을 미치는 사람, 학교경험, 영화, TV, 뉴스 등 사회가 주는 메시지 등으로부터 학습된다. 편견은 특정 집단에 대한 것일 수도 있고 집단에 속해 있는 특정 개인을 향한 것일 수도 있다(장상희, 1998).

## 편견의 네 가지 측면

| | |
|---|---|
| 인지적 측면 | 편견은 판단 혹은 평가의 대상에 대한 어떤 인식을 주장한다.<br>예 그들은 모두 심한 냄새가 난다. |
| 정의적(情意的) 측면 | 편견은 상당히 강력한 거부의 감정(정서)과 결합되어 있다.<br>예 그런 사람 옆에 앉을 때마다 나는 역겨움을 느낀다. |
| 평가적 측면 | 편견은 객체(대상)를 부정적으로 평가한다.<br>예 그들은 열등한 인종이다. |
| 심동적(心動的) 측면 | 편견은 행위를 위한 성향이다.<br>예 지하철에서 그런 사람이 내 옆에 앉을 때 나는 자리를 옮긴다. |

출처: 다문화 사회에서 편견·차별의 문제와 해결방안

차별(discrimination)은 모든 불평등한 대우를 지칭하며 평등의 원칙에 어긋나는 것으로서, 불이익이나 손해의 결과를 가져온다. 차별은 많은 사람들에게 공통되고 사회적 의미와 중요성을 띤 특징인 인종, 민족, 언어, 종교적·정치적 신념, 성(性), 장애, 연령 등을 근거로 다양하게 나타날 수 있다. 이러한 종류의 차별은 직접 혹은 간접적일 수 있으며, 의도나 심각성에 있어서 서로 다른 양상을 보인다.

차별은 또한 개인적 차원의 편견에 해당하는 사회적 차원의 이데올로기로서, 특정 집단이 열등하다는 믿음 체계에서 시작되기도 한다. 차별은 사회의 문화에 통합되어 세대에서 세대로 전승되기도 하며, 개인적 편견과 달리 문화적 유산의 일부로서 특정 시기의 사회에 살아가는 사람들과는 독립적인 요소라 할 수도 있다(Andersen, 1993). 제도적 차별은 개인적 차별에 상응하는 사회적 수준의 차별이다. 이는 집단의 소속을 토대로 한 불평등한 대우가 사회의 일상적 운영에 내재된 형태이다. 제도적 차별은 교육, 형사정의제도, 정치경제제도 등에 침투되어 존재할 수 있으며, 제도나 기관이 특정 집단의 성원을 불리하게 만드는 경우 제도적 차별이 존재하게 된다.

### 차별의 다양한 형태

| 개인적 차별 | 사회적으로 동원 가능한 귀속요인, 편견, 적대적 심상에 기초한 개인적 행위 |
|---|---|
| 집단실천으로서의 차별 | 사회적으로 공유된 편견 및 적대감과 결합한 집단적 실천으로서의 차별, 집단 간 관계와 갈등의 맥락에서 작용하는 차별 |
| 일상 문화적 차별 | (민족·국민·인종·성별·사회계급과 관련하여) 사회적으로 널리 영향력을 행사하는 잠재적·명시적 기대에 기초한 불평등한 대우, 특성 및 능력의 귀속에 기초한 불평등한 대우 |
| 법적 차별 | 법적인 구분(내국인·외국인, 노동이주자·난민, 체류와 관련된 지위 따위)에 기초하여 정치적·법적으로 확보된 불평등한 대우 |
| 조직에 특정한 차별 | (학교·직장 등에서 구성원으로서의 자격과 지위, 경력, 성취에 대하여 의사결정을 내리는 데 있어서 지침을 수립하는) 조직에 특정한 정상성의 설계(⑩ 언어능력, 신체적·정신적 건강)에 기초한 불평등한 대우 |
| 부차적 차별 | 이차적 혹은 부차적 특징(소득수준, 교육수준, 체류와 관련된 지위, 온전한 가족배경)에 기반을 둔 (이주자와 소수집단에 대한) 불평등한 대우 |

출처: 다문화 사회에서 편견·차별의 문제와 해결방안

## 2) 편견과 차별 문제에 대한 해결

세계시민교육의 핵심 중 하나는 문화적 소수자들과 관련한 올바른 이해와 적응뿐만 아니라 다수의 한국인들이 소수자들에 대한 존중과 배려를 함으로써 다양성, 평등의 가치를 실천하는 것이다. 이를 실천하려면 세계시민으로서 성장을 해야 하는데 이를 위해 우리 속에 잠재되어 있는 다른 문화에 대한 편견과 차별을 극복하는 것이 선행되어야 한다.

우리는 어떤 대상 또는 상황에 대한 잘못된 판단, 오해, 치우친 견해로 인해 본질을 왜곡하여 공정하지 못한 판단과 행동을 하는 경우가 많다. 이것은 편견과 차별이 우리의 인식과 태도에 옳지 못한 영향을 미쳤기 때문이라고 많은 학자들은 해석한다(Banks, 2007). 특히 편견과 차별은 우리가 더불어 평화롭게 살아가는 것에 커다란 장애가 된다. 편견과 차별을 극복하는 데 관심을 가지고 반편견을 적극적으로 실천해야 할 이유가 바로 여기에 있다. 편견과 차별의 극복은 선입견과 고정관념에 도전하는 비주류 및 소수집단 뿐만 아니라 그렇지 않은 주류 및 다수 집단 모두에게 해당되는 문제이다.

세계시민교육은 사회정의와 모든 유형의 편견과 차별에 대한 저항을 지향한다. 학생들에게 인종차별주의나 성차별주의, 계급차별주의에 대한 이해력을 향상시키고 그와 관련된 적절한 태도와 사회적 행동기술을 발달시킴으로써, 차별에 대한 투쟁과 문제해결 과정에 헌신적으로 참여하도록 한다(김옥순 외, 2008).

이런 세계시민교육 관점에서 보는 반편견 교육의 특성은 소외된 문화 집단이 차별을 받지 않도록 소수집단에 대한 편견을 극복하고 서로의 차이점을 알아가도록 하는 것이다. 또한 편견이 나타나는 상황을 비판적으로 사고하여 이에 적극적으로 대응할 수 있는 태도와 행동 양식을 갖게 하는 것이다.

그렇지만 우리가 문화에 대한 다양성을 이해한다고 해서 바로 차별과 편견을 극복하는 것은 아니다. 편견은 유·아동기부터 다양한 요인으로 인해 형성되기 때문에 쉽게 수정되기 어렵다. 그러므로 세계시민교육에서 편견과 차별을 극복하는 태도와 실천 능력을 갖기 위해서는 반편견 교육이 유·아동기부터 지속적으로 요구되어야 한다.

## (2) 반편견 교육

### 1) 반편견 교육의 의미와 목표

반편견 교육은 학습자가 일상생활에서 개인적 또는 사회적으로 직면하는 다양한 영역에서의 편견 및 고정관념에 따라 인식하고 행동하지 않도록 하고 '편견으로 발생하는 갈등을 해결하고 예방하는 교육'이라고 할 수 있다. 즉, 반편견 교육은 인종, 민족, 성, 능력, 장애 등에 상관없이 모든 사람을 존중하도록 교육함으로써 이들에 대한 편견과 차별을 갖지 않도록 교육하는 것이다. Baker(1994)는 아동에 대한 반편견 교육을 긍정적인 자기 정체성 발달과 사회편견에 적극적으로 대처할 수 있도록 하는 교육이라고 정의했으며, 모든 아동이 다양성을 수용하고 적극적인 상호작용을 하며 편안한 감정이입을 발달시켜 자아정체감을 키우게 도울 수 있다고 하였다.

이와 같이 반편견 교육의 목적은 아동이 자기와 다른 집단의 입장이나 차이를 이해하여 편견을 극복하고 다양성을 인정하는 것에 있다.

아동을 대상으로 하는 반편견 교육의 목표는 다음과 같다.

첫째, 아동이 직면하는 다른 문화와 인종에 대한 편견과 차별적 행동에 대한 비판적 사고를 기르도록 도와야 한다.

둘째, 다양한 사람과 문화에 대한 편견과 차별이 타인에게 주는 피해를 알고 공감하도록 하여야 한다.

셋째, 편견과 차별에 직면하여 올바르게 행동하도록 해야 한다. 즉, 반편견 교육의 목표는 아동의 편견에 대한 인식을 전환하는 능력과 저항 능력을 향상시켜 사회 통합에 기여하는 것이다.

따라서 반편견 교육은 아동이 차이와 공통점을 바르게 인식하게 하고 궁극적으로 사회에 존재하는 편견에서 벗어나게 하는 것이다. 그리고 개인의 정체성을 발달시키고 타인을 수용하여 미래사회를 조화롭게 변화시키도록 돕는 총체적인 교육 활동이라고 할 수 있다.

## 2) 반편견 교육의 내용

반편견 교육은 편견과 고정관념, 차별적 행동에 대해 직면할 때 이에 맞설 수 있도록 하는 것이다. Derman-Sparks(1989)는 유아기부터 사회화에 물들기 쉬운 편견의 영역을 구분하여 반편견 교육의 내용으로 제안하였다. 주요 내용은 다음 표와 같다.

**반편견 교육 주제 및 내용**

| 주제 | 범주 | 내용 |
|---|---|---|
| 민족의 차이점과 공통점 | 인종, 긍정적 자아 (민족적 정체성) | 민족의 차이점/공통점 인식과 피부색, 머리카락 형태, 얼굴과 눈 색 등과 같이 유전적인 신체적 특징과 자아정체성과 관련된 것 |
| 능력 | 재능, 장애, 편견에 대응, 타인 이해, 의사 전달 방법 | 재능, 무능력, 그리고 장애를 포함한 포괄적인 개념인 능력으로서의 편견에 대응하는 것과 타인에 대한 존중 및 가치를 포함 |
| 성 정체성 | 성 역할, 성 행동, 양성성 | 정형화되지 않은 성 역할과 행동 그리고 양성성의 개념도 포함 |

| 문화적 유사성과 차이점 | 다문화, 문화 간 유사점과 차이점 | 다양한 문화의 독특성과 유사점·차이점, 삶의 방식으로서 특별한 날들, 기념일, 습관, 언어 등을 포함 |
|---|---|---|
| 고정관념과 차별적 행동 | 가족, 계층, 신념, 편견, 연령, 외모 | 다양한 가족 구조와 역할, 사회적·경제적 계층, 종교, 연령 및 세대 간의 차이, 외모에 대한 고정관념과 차별적 행동 |
| 기타 | 갈등, 협동 | 문제해결, 협동 |

출처: 다문화 사회에서 편견·차별의 문제와 해결방안

아동의 반편견 해소를 위한 교육 내용에는 무엇보다도 인종, 민족, 문화의 영역에 초점을 두어야 하며, 편견의 개념과 형성과정, 차별의 이유 등이 포함되는 것이 중요하다. 반편견 교육에서는 인종과 관련된 내용은 출신 지역과 신체적 특징을 기준으로, 문화와 관련하여서는 생활방식을 기준으로 차별하지 않도록 가르치는 것을 강조한다.

## 2) 반편견 교육의 방법

Banks(2007)는 아동을 위한 교육방법에 있어, 다양한 민족·인종 집단의 긍정적이고 현실적인 이미지를 수업 교재에도 일관되고 자연스럽고 통합적으로 포함시킬 것을 권장하였다. 또한 다수의 학습자들을 다양한 인종·민족 집단과 함께 하는 간접 경험에 참여시키고, 문화적·인종적 소수자들에게 언어적, 비언어적 형태의 긍정적 격려를 제공하는 것이 중요하다고 강조하였다.

특히 아동의 발달 수준과 편견에 관한 인식과 태도 등을 정확하게 파악하여 이에 적합한 방법을 찾아내어 적용하는 것이 중요하다. 편견이 타문화에 대한 선입견으로서 부정적 고정관념, 심리적 거리, 차별을 인식하게 한다면, 반편견 교육에서는 편견이 지닌 이러한 인지적, 정서적, 행동적 측면을 통합적으로 다룰 수 있는 교육방법을 찾는 것이 중요하다.

반편견 교육은 유·아동기 때부터 체계적이고 지속적으로 이루어져야 하기 때문에 보육교사와 유치원교사, 그리고 초등학교 교사의 역할이 매우 중요하다. 교사는 모든 아동에게 높은 기대 수준을 가지고, 긍정적 태도를 지니며, 항상 아동 개개인의 특성을 배려해야 한다. 또한 아동의 발달적 특성과 흥미, 편견의 경험을 고려하여 반편견 교육의 내용을 선정하여야 한다. 궁극적으로 반편견 교육은 아동의 학습 및 문화적 특징에 부합해야 하며, 수업 자료 역시 다양한 문화적, 인종적, 민족적 관점의 상황과 개념을 반영해야 한다.

## 2. 편견과 차별의 이해

### (1) 편견

# 편견 생각에 맞서다.

편견은 지역과 민족을 가리지 않습니다. 편견은 자신의 행동방식과 사고방식에 의해 좌우되며, 선량한 의도에서 출발했다고 해도 편견은 생길 수 있습니다. 이미 생긴 고정관념으로 더 많은 정보를 받아들이기가 어렵기 때문입니다. 심지어 자신과 다른 관점에 저항심이 생기기도 하며, 더 심한 경우에는 그러한 관점을 주장하는 사람들의 의도에 의심을 품기까지 합니다. 자신의 생각을 타인과 나눌 때 서로의 관점을 인정하지 않으면 오해는 깊어집니다. 편견을 가지고 사고하고 또 변론까지 벌이다가는 갈등이 발생하거나 서로 적이 되어버릴 수도 있기 때문입니다.

A형 여자와 B형 남자가 있습니다.
이 두 명의 성격은 어떨까요?
앞으로 두 명의 관계는 어떻게 될까요?

# 혈액형과 고정관념

2008년 대한혈액학회는 혈액형이 성격형성에 영향을 준다고 믿는 나라는 "한국과 일본 뿐"이라며 혈액형 성격특징을 부정했으며 혈액형이 성격과 관련이 있다는 과학적인 근거가 없다고 하였다.

혈액형 성격유형론은 과학적으로 타당성이 검증된 적이 없고 성격이론이 아님에도 한국 사회에서 지속되며, 혈액형별로 독특하다는 성격특징의 내용들이 사회적 고정관념으로 자리를 잡고 있다(박미란, 2015).

혈액형별 성격특징 고정관념은 이를 신념처럼 믿는 사람들에 의해 전파되고 유지되는 경향이 있다. 혈액형과 성격의 상관설에 대해 신념이 강한 사람들은 자신들의 개인적 경험을 중시하는 성향이 강하여 자신과 주변 사람들의 소수사례와 부합한다면 전부를 그대로 믿어버린다(김행완, 2008).

※ 동영상 참고 : JTBC '차이나는 클라스'− 혈액형에 얽힌 오해와 진실!

# 아동의 혈액형에 대한 편견

아동은 영·유아기 때부터 고정관념이 형성된다. 이렇게 형성된 고정관념은 공동체의 규범이 자신의 고정관념과 일치할 때 더욱 강화된다. 자신이 지지하는 정보만 받아들이고 애매모호한 정보에 마주했을 때에는 자신의 방식으로 재해석하거나 아동의 기억을 자신이 지지하는 고정관념에 맞추어 재구성하기도 한다. 특히 아동은 성장과정에서 미디어, 서적 등을 통해 혈액형별 성격특징에 관한 고정관념을 형성하게 되고, 특정 혈액형 집단에 대해 편견을 가지게 된다.

"선입견"

"전 주근깨나 비쩍 마른 건 신경 쓰지 않아요.
그런 건 상상으로 아름답게 꾸미면 되니까요.
하지만 빨강머리는 어쩔 수가 없어요.
역시 빨강머리만은 없어지지 않는 걸요."

나의 빨강머리는

_____ 이다.

_____

_____

_____

_____

## (2) 차별

### 차이와 차별

사람들은 모두 생김새나 말투, 행동이 다르다. 겉으로 드러나는 신체적 차이뿐 아니라 성격, 재능, 종교, 문화, 정치적 의견도 모두 다르다. 이렇게 사람들이 서로를 구별할 수 있는 특성을 차이라고 한다. 사회는 서로 다른 다양한 사람들로 이루어진다. 차별이란 합당한 이유 없이 차이를 근거로 불이익을 주는 것을 말한다. 남녀, 장애인, 학력, 인종차별 같은 것이다.

### 차이 존중과 차별 대우

우리 사회에는 다르다는 이유로 누구나 누려야 할 권리를 누리지 못하는 사람들이 있다. 다름을 인정하고 그 차이를 배려하는 시설이나 정책, 제도를 마련하는 것이 차이에 대한 존중이다. 이동이 불편한 장애인을 위한 리프트를 설치하거나 보도육교에 노약자와 휠체어, 유모차 이용자를 위한 엘리베이터를 설치하는 것, 출입구 가까운 쪽에 장애인 전용 주차장을 배치하는 것이 비장애인과 장애인의 차이를 인정하고 장애인을 배려한 시설과 제도이다.

### 왜 차별을 할까?

차별은 기득권을 가진 사람이 이미 자신이 가진 것을 지키려고 할 때 발생한다. 과거 미국에서 흑인에게는 선거권을 주지 않았던 것은 백인이 자신이 누리는 권력을 계속 유지하고자 하는 마음에서 비롯된 것이다. 지금도 인종차별은 세계 곳곳에서 벌어지고 있다. 지금 프랑스에서 무슬림 여성에게 히잡 같은 이슬람식 두건을 쓰지 못하게 하는 것은 명분이 어떻건 소수민족의 종교적 관습을 인정하지 않으려는 차별적 정책이다.

### 모두 다르지만 똑같이 소중하다

우리는 나와 다른 낯선 것을 경계하는 습관이 있다. 의도하지 않는데도 무심코 '우리'와 '우리가 아닌 것'을 구분하고 경계를 나눈다. 차이를 낯설게 보고 경계하고 차별하는 것은 옳지 않다. 사람들은 모두 다른 모습을 지녔지만 모두 똑같이 소중하기 때문이다. 사람마다 차이가 생기는 것은 당연하다. 사회 여러 분야에서 서로 다른 사람들이 각자가 지닌 장점과 특성을 살려서 활동한다면 사회는 훨씬 발전할 것이다. 정책이나 제도로 차별을 없애는 일도 중요하지만 우리 마음속에서도 나와 다르고 낯선 것을 그 모습 그대로 인정하고 받아들이는 일상의 노력이 필요하다.

출처: 사회선생님도 궁금한 101가지 사회질문사전

# 나는 차별을 경험했다.

## 3. 반편견 교육 프로그램

### (1) 반편견 교육 프로그램의 목표

Hall과 Rhomberg(1995)는 아동에게 자주 발견되는 편견을 능력(ability)·나이(age)·외모(appearance)·신념(belief)·계층(class)·문화(culture)·가족(family)·성(gender)·인종(race)·성적 지향성(sexuality)의 10가지 영역으로 분류하였고, 반편견 교육과정의 목적으로 긍정적 자아개념의 발달, 감정이입적 상호작용하기, 편견에 대한 비판적 사고 기르기, 편견에 대하여 행동하기를 제시하였다.

**Hall과 Rhomberg(1995)의 반편견 교육의 목표**

| 목적 | 하위목표 |
|---|---|
| 긍정적 자아개념의 발달 | • 신체적 특징 및 능력에 대해 인식하기<br>• 성의 인식, 성의 불변성에 대하여 인식하기<br>• 독립적이고 자율적인 존재로서의 자신에 대해 인식하기<br>• 가족, 언어, 풍습, 행동, 민족의 정체감과 관련한 자신에 대해 인식하기, 민족의 불변성에 대해서 이해하기<br>• 집단, 민족, 사회집단과 관련하여 자신에 대해 인식하기 |
| 감정이입적 상호작용하기 | • 신체적 특징, 능력, 사회적 행동, 언어의 유사성과 차이점 인식하기<br>• 하나 이상의 속성을 이용하여 분류하는 능력 기르기<br>• 계층에 포함되는 것을 이해하기<br>• 자기중심성이 점차 감소되고 다른 사람의 견해로 보는 능력 증가하기 |
| 비판적 사고 기르기 | • 전체와 부분을 독립적으로 볼 수 있는 능력 기르기<br>• 사람, 사물, 사건에 대해 긍정적, 부정적인 면을 비판적으로 해석, 비교하는 사고 능력 키우기<br>• 추상적인 단계에서 문제해결을 시작하기 |
| 편견에 대하여 행동하기 | • 사회적으로 수용되는 방법으로 생각과 감정을 표현하는 능력 키우기<br>• 이야기를 이해하고 등장인물의 느낌, 행동, 생각을 이해하는 능력 키우기<br>• 신념가치를 위해 행동을 시작하고 계획·조직하는 능력 키우기 |

출처: Hall과 Rhomberg의 반편견 교육의 목표를 본 교재에 맞춰 일부 수정하였음.

Derman－Sparks(1989)는 반편견 교육의 목적을 자신의 정체성에 대하여 긍정적으로 생각하는 것이라고 하였다. 그리고 다양한 사람들과 차이점과 유사점에 대한 질문과 협의, 수용 과정을 통해 공감하는 태도를 향상시키는 것을 교육의 구체적 목표로 명시하고 있다.

또한 인지적 측면으로 차별적 상황에서 공정한 대우와 불공정한 대우를 구별할 수 있도록 편견에 대하여 비판적 사고를 가지도록 하는 것이 중요한 교육 내용이 되어야 한다고 강조한다.

결국 반편견 교육 프로그램의 목적은 궁극적으로 아동이 가지고 있는 편견을 인식하고, 차별을 당하는 이들의 삶에 적극 공감하여 자신의 편견을 수정함으로써, 다양성을 수용할 수 있는 능력을 키우는 데 있다. 먼저 아동은 편견이 무엇인지 이해하고 인종과 민족, 문화에 대하여 자신의 편견을 드러내어 확인한다. 그리고 일상에서 발생되는 편견과 차별받는 상황을 간접적으로 경험하여 편견과 차별의 대상에 공감하고, 이를 통해 인식의 변화뿐만 아니라 구체적 실천 방안을 마련해 보도록 한다.

## (2) 반편견 교육 프로그램의 내용

아동의 반편견 해소를 위한 교육 내용에는 무엇보다도 인종, 민족, 문화의 영역에 초점을 두어야 하며, 편견의 개념과 형성 과정, 차별의 이유 등이 포함되어야 한다. 또한 반편견 교육을 통해 아동이 가지고 있는 편견을 확인하고, 객관적 확인 과정을 통해 편견을 유발한 잘못된 정보를 수정하여, 자신의 실질적 행위에 대한 계획을 수립하도록 한다.

## 1) 반편견 교육 프로그램의 설계

| 단계 | 구성 요인 | 목표 | 내용 |
|---|---|---|---|
| 이해 | 편견 인식 | 자아정체감 발달 | • 신체적 특징 및 능력에 대해 인식하기<br>• 집단, 민족, 사회집단과 관련하여 자신에 대해 인식하기 |
| 습득 | 편견 수정 | 비판적 사고 능력 증대 | • 사람, 사물, 사건에 대해 긍정적, 부정적인 면을 비판적으로 해석, 비교하는 사고능력 키우기<br>• 추상적인 단계에서 문제해결을 시작하기 |
| 실천 | 편견 극복 | 인식의 변화 및 실행 | • 사회적으로 수용되는 방법으로 생각과 감정을 표현하는 능력 키우기<br>• 신념가치를 위해 행동을 시작하고 계획·조직하는 능력 키우기 |

**이해**
- 신체적 특징 및 능력에 대해 인식하기
- 집단, 민족, 사회집단과 관련하여 자신에 대해 인식하기

**습득**
- 사람, 사물, 사건에 대해 긍정적, 부정적인 면을 비판적으로 해석, 비교하는 사고능력 키우기
- 추상적인 단계에서 문제해결을 시작하기

**실천**
- 사회적으로 수용되는 방법으로 생각과 감정을 표현하는 능력 키우기
- 신념가치를 위해 행동을 시작하고 계획·조직하는 능력 키우기

## 2) 반편견 교육 프로그램의 세부내용

■반편견 교육 프로그램 1

| 주제 | 다른 생각, 같은 우리 |
|---|---|
| 학습목표 | 차이와 차별에 대해 알고 긍정적인 자아정체감을 발달시킨다. |
| 학습내용 | • 개인의 신체적 특징 및 능력에 대해 인식한다.<br>• 집단, 민족, 사회집단과 관련하여 자신에 대해 인식한다. |
| **단계** | **활동내용** |
| 도입 | • 우리의 몸의 생김새에 대하여 이야기 나누기<br>  － 나와 친구들의 몸의 생김새에 대하여 이야기를 나눈다.<br>    (키, 피부색, 옷차림 등) |
| 전개 | • 사진을 보고 편견 감소하기<br>  － 활동지 2－1.에 있는 참고 사진을 보고 질문에 대한 답을 작성한다.<br>  － 모둠을 이루어 함께 토론하며 성과 인종에 대한 선입견을 버린다.<br>• 동화를 읽고 외모의 차이에서 오는 편견 해소하기<br>  － 동화 『반쪽이』를 읽어 보고 나와 다른 점과 유사한 점에 대하여 이야기를 나눈다.<br>  － 활동지 2－2.의 인물모형을 완성하고 자신이 완성한 그림을 모둠에게 소개한다. |
| 마무리 | • 차이와 차별에 대한 생각 정리하기<br>  － 수업 내용을 떠올리며 차이와 차별에 대하여 토론하고 서로에게 피드백을 한다. |

# ■ 활동지 2-1.

• 사진을 보고 질문에 답해 보세요.

| 흑인 발레리나 | 남자 간호사 |
|---|---|
| – 우리와 다른 점이 있나요? | – 우리와 다른 점이 있나요? |
| – 이상하게 느껴지는 점이 있나요? | – 이상하게 느껴지는 점이 있나요? |
| – 어떤 점이 이상하게 느껴지나요? | – 어떤 점이 이상하게 느껴지나요? |
| – 흑인 학생에게 잘 어울리지 않는 활동이 또 있나요? | – 남자에게 잘 어울리지 않는 직업이 또 있나요? |
| – 피부색에 따라 어울리는 활동과 어울리지 않는 활동이 있나요? | – 성별에 따라 어울리는 활동과 어울리지 않는 활동이 있나요? |
| – 발레하는 흑인 소녀와 나의 비슷한 점은 무엇인가요? | – 내가 가지고 싶은 직업이 남자만 혹은 여자만 해야 하는 직업인가요? |
| – 여러 분야에서 활약하는 흑인들에 대하여 살펴봅시다. | – 나의 가족이나 친척의 직업에 대해 알아보세요. |

■ **활동지 2-2.**

- 인물모형을 내가 원하는 모습으로 완성해 보세요.

■반편견 교육 프로그램 2

| 주제 | 이해 같은 오해 |
|---|---|
| 학습목표 | 유사점과 차이점을 이해하여 비판적 사고능력을 함양시킨다. |
| 학습내용 | • 사람, 사물, 사건에 대해 긍정적, 부정적인 면을 비판적으로 해석, 비교하는 사고능력을 증진시킨다.<br>• 추상적인 단계에서 문제해결을 시도한다. |
| 단계 | 활 동 내 용 |
| 도입 | • 다름에 대하여 이야기 나누기<br> − '다름'에 대하여 정의를 내려 본다.<br> − 활동지 2−3.을 보고 '다름'의 의미에 대하여 나눠 본다. |
| 전개 | • 세계 여러 나라의 문화에 대하여 알아보기<br> − 활동지 2−4.를 통하여 다양한 민족의 음식 문화에 대하여 알아보고 유사점과 차이점을 파악한다.<br>• 다양한 인종의 모습을 보고 같거나 다른 점을 발견하기<br> − 활동지 2−5.를 활용하여 다양한 인종의 같은 모습과 다른 모습을 찾아본다.<br> − 나의 활동지의 내용을 모둠과 함께 나눈다. |
| 마무리 | • 편견에 대한 생각 정리하기<br> − 수업 내용을 떠올리며 편견에 대하여 토론하고 서로에게 피드백을 한다. |

■ 활동지 2-3.

• 무엇으로 보이나요?

■ **활동지 2-4.**

• 나라마다 음식의 문화가 다릅니다. 어떻게 다른지 알아볼까요?

| 우리나라 | 인도 및 이슬람권 나라 | 유럽 및 아메리카 |
|---|---|---|
| _____ | _____ | _____ |
| _____ | _____ | _____ |
| _____ | _____ | _____ |
| _____ | _____ | _____ |
| _____ | _____ | _____ |
| _____ | _____ | _____ |

• 우리나라와 음식 문화가 비슷한 나라는 어디일까요?

어떤 것이 비슷할까요?

| 비슷한 나라 | |
|---|---|
| 비슷한 이유 | |

■ **활동지 2-5.**

• 다양한 인종의 모습을 보고 같은 모습과 다른 모습을 적어 보세요.

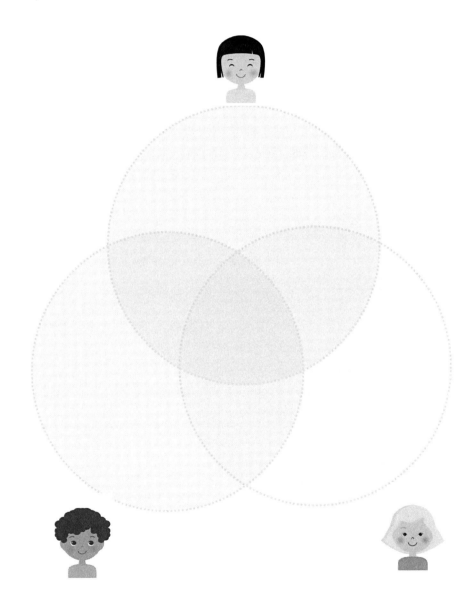

■반편견 교육 프로그램 3

| 주제 | 편견과 차별을 넘어서 |
|---|---|
| 학습목표 | 편견과 차별에 대해 배우고 극복방안을 모색한다. |
| 학습내용 | • 사회적으로 수용되는 방법으로 생각과 감정을 표현하는 능력을 향상시 킨다.<br>• 신념가치를 위해 행동을 시작하고 계획하는 능력을 향상시킨다. |
| 단계 | 활 동 내 용 |
| 도입 | • 다름과 존중에 대하여 이야기 나누기<br>　- 동영상 "MBC 피겨 그뤠잇스토리-편견에 저항한 흑인 피겨선수 쉬리아 보닐리"를 감상하고 이야기를 나눈다. |
| 전개 | • 편견에 대응한 인물을 통해 인식의 변화 모색하기<br>　- 활동지 2-6, 7.을 통해 마틴 루터킹, 넬슨 만델라, 간디의 공통점을 발견한다.<br>　- 동영상 "EBS 지식채널 e-미국의 우상"을 시청한 후 이야기를 나 눈다.<br>• 차별 극복을 위한 방안 실천하기<br>　- 모둠을 이루어 차별 극복을 위한 여러 가지 방법에 대하여 토론하 고 활동지 2-8.에 실천 방안을 정리한다. |
| 마무리 | • 내 생각의 변화 알아보기<br>　- 수업 내용을 떠올리며 편견에 대한 생각이 변화된 것에 대하여 토 론하고 서로에게 피드백을 한다. |

■ **활동지 2-6.**

• 아래 인물들의 공통점을 발견해 보세요.

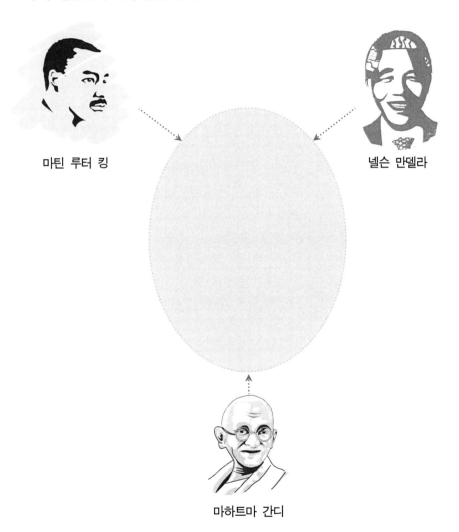

마틴 루터 킹

넬슨 만델라

마하트마 간디

※ 사회의 편견에 대응한 사람들

　─ 흑인(인종)차별 정책을 없애기 위해 앞장 선 사람

　─ 가난한 사람이나 장애인을 돕는 사람

■ **활동지 2-7.**

| | |
|---|---|
| <br>**마틴 루터 킹** | 미국의 흑인 운동 지도자이자 목사이다. 보스턴 대학에서 신학 박사 학위를 받은 뒤 앨라배마주의 몽고메리 교회에 부임하였다. 그곳에서 시영 버스의 차별적 좌석제에 대한 버스 보이콧 운동을 비폭력 전술로 이끌어 승리를 거두었고, 이를 계기로 하여 전국적인 지도자가 되었다. 그 뒤 1963년의 워싱턴 대행진을 비롯한 수많은 차별반대운동을 이끌어 공민권법·투표권법의 성립을 촉진시켰으나 1968년 멤피스에서 암살당하였다. 1964년에 노벨 평화상을 받았다. |
| <br>**넬슨 만델라** | 남아프리카 공화국의 흑인 민권 운동가, 아프리카 민족회의(ANC) 회장, 최초의 흑인 대통령이다. 1962년부터 1990년 2월까지 약 27년간 감옥 생활을 하면서 남아프리카 인구의 다수를 차지하는 흑인의 희망이 되었다. 백인 정부와 협상 끝에 흑백 차별이 없는 총선거 실시에 합의, 인종차별의 종식을 고하였다. 1994년 4월 첫 다인종 자유 총선거 때 대통령으로 선출, 5월 10일 대통령에 취임하였다. 1993년에 노벨 평화상을 받았다. |
| <br>**마하트마 간디** | 인도의 민족 운동 지도자이다. 포르반다르의 중급 카스트인 상인 집안 출신으로 영국에 유학하여 변호사 자격을 얻은 그는 1800년대 말부터 남아프리카 인도인의 자유를 획득하기 위하여 활약하였다. 1915년에 귀국한 뒤 종교성이 짙은 반영(反英) 무저항·비폭력·불복종 운동을 선언하고, 세 번에 걸친 대대적인 민족 운동과 열한 번의 단식을 전개하였다. 국민회의파의 지도자로서, 1920년부터 1922년에 걸친 비폭력·불복종의 방식으로 민족적 저항을 시작하였고, 1932년부터 1933년, 1942년 이후의 민족 운동을 주도하였다. |

■활동지 2-8.

• 차별 극복을 위한 나의 약속

# 제3장

# 문화의 다양성

## 1. 문화 다양성

문화 간 이해의 증진을 위한 교육은 세계화의 확산과 세계시민사회의 성장의 과정에서 더욱 강조된다. 현재 우리는 다양한 인종, 문화, 언어, 종교 등이 공존하는 사회에 살고 있기 때문이다. 이런 사회를 다인종, 다문화, 다원화 사회 등으로 지칭한다. 우리의 삶에서 개인과 지역사회, 국가 및 세계 간의 상호 영향력은 더욱더 증대되고 있으며, 이들의 복잡한 이해관계로 인한 갈등도 증가하고 있다. 복잡한 이해관계에서 발생하는 갈등 문제를 해결하기 위해서는 다른 문화를 이해하기 위한 문화 다양성에 대한 이해가 필요하다. 실제로 문화 간의 차이를 인정하는 문화 다양성의 이해는 세계화의 확산에 중요한 축을 형성한다. 문화 다양성 교육이야말로 세계시민사회의 성장에 있어서 매우 중요한 역할을 하는 것이다.

## (1) 문화 다양성의 개념

문화 다양성은 사회의 문화가 표현되는 다양한 방식을 의미하며 언어나 의상, 전통, 사회를 형성하는 방법, 도덕과 종교에 대한 관념, 주변과의 상호작용 등 사람들 사이의 문화적 차이를 포괄하고 있다. 즉, 문화 다양성은 사회적인 긴장 없이, 집단 혹은 공동체 사이에서의 좋은 관계와 기회균등 그리고 차이에 따른 차별이 없는 포용적 사회를 함의한다.

문화는 사회를 구성하는 생활양식이며, 인종·언어·종교·전통·제도 등 다양한 요소를 포함하고 있어서 차이를 가질 수밖에 없다. 하지만 문화는 우리 삶의 중요한 부분이며 사고와 행동을 지배하는 경향이 있으므로 서로 간의 문화를 이해하는 것은 중요하다.

유네스코는 문화 다양성을 "인류의 문화유산이 다양한 문화적 재현을 통해 표현되고, 증대되며, 전승되는 다양한 방식을 통해서뿐만 아니라, 사용된 방법과 기술에 관계없이 다양한 양식의 예술적 창작, 생산, 보급, 배포 및 향유를 통해서도 나타난다."라고 하였다(유네스코한국위원회, 2012). 이러한 개념은 인류의 가치와 사회적 관습을 통합하여 인류문화에 중요한 기여를 해왔다.

문화 다양성은 집단들 사이의 문화적 차이를 이해하고 인식하기 위한 중요한 개념이다. 여기에서 핵심은 부자·빈자, 남자·여자, 백인·유색인, 장애·비장애인, 동성·이성애자 등의 다양한 사람들이 어떻게 각기 다른 가치와 신념체계를 형성하며, 세계관과 대화방식을 어떻게 이해하고 공유하는가이다(Pincus, 2011). 문화 다양성은 선택과 접근의 다양성, 인권과 평등, 표현의 자유 등을 포함하는 상징적인 가치를 가지고 있다. 궁극적으로, 문화 다양성은 보편적 인권을 실현하고, 사회통합을 강화하며, 민주적인 통치를 촉진함으로써 한 사회의 평화정착과 평화공존을 가능하게 하는 가치 혹은 접근으로 볼 수 있다(이동성 외, 2013).

　　문화 다양성은 접근하는 방식에 따라서 두 가지로 나누어 볼 수 있다.

　　첫째는 문화 다양성에 관한 문제들을 특정 사회 '내부'의 문제로 파악하는 접근방법이다. 각 개인들이 가지는 다양한 정체성과 서로 다른 문화적 특징들이 합쳐져서 한 국가의 정체성이나 다른 형태의 정체성이 구성된다고 본다. 이 방식은 기본 인권, 문화적 민주주의 촉진, 모든 소수자들의 동등한 참여에 초점을 맞춘다(박애경, 2011).

　　두 번째는 '다수의 국가, 사회, 문화들 사이'의 문화 다양성이다. 특히 이런 관점에서의 다양성은 국가 간, 문화 간에 문화적 상품과 서비스의 균형 잡힌 교류를 상징하는 원칙(박애경, 2011)으로 작용하고 있다.

　　문화 다양성은 서로 다른 문화를 인정하고 다름의 가치를 추구하여야 한다. 또한 서로의 다름으로 인한 실제 차이와 서로의 다름을 존중하고 실현하려는 가치 차이로 볼 수 있다. 그리고 문화 다양성은 문화의 '안'과 문화들 '사이'에서 다양성을 존중한다.

　　결국 세계시민교육의 문화 다양성은 세계에서 나타나는 다양한 문화의 차이, 즉 다양성에 초점을 두는 것이다. 그리고 세계의 다양한 문화는 인류의 가치에 긍정적인 영향을 주고, 확장시키는 데 중요한 역할을 하고 있다.

## ⑵ 문화 다양성의 교육

### 1) 세계시민의 문화적 역량 강화

　　문화적 역량이란 다양한 문화현상에 대하여 인지적, 정의적, 실천적 역량을 함양하는 것을 말한다. 그리고 문화적 역량은 문화적 상황에서 효과적으로 상호작용할 수 있는 조화로운 행동과 태도, 그리고 정책을 의미한다(NCCC, 2006). 또한, 문화적 역량은 단순히 법률을 따르거나, 최소한의 실천규범을 준수하거나, 고정적인 최종 목표를 추구하는 것이 아니라, 이상을 지향하기 위한 지속적인 과정을 의미한다(Diller, 2004).

　　Keast(2006)는 문화적 역량의 구성요소를 다음의 다섯 가지 능력으로 보았다. 첫째, 문화적 역량은 인간적 다양성의 근원으로 볼 수 있는 문화적 다양성에 대한 민감성을 의미한다. 둘째, 문화적 역량은 타자들과 의사소통을 할 수 있는 능력이며, 상호작용적인 대화로 들어갈 수 있는 능력을 의미한다. 셋째, 문화적 역량은 팀워크, 협력적 학습, 공감적 의사소통, 평화로운 갈등해결, 확신 형성 등을 추구할 수 있는 배움의 기술이다. 넷째, 문화적 역량은 신념, 실천, 상징, 의식 등을 탐구할 수 있는 능력이며, 민감하고 논쟁적인 이슈들을 다룰 수 있는 능력이다. 마지막으로, 문화적 역량은 비판적 사고와 개인적 성찰을 의미한다.

　　문화적 역량의 강조점은 상호 의존성 및 다양성의 수용과 평등성을 실현하는 것이다(Crozier, 2001). 문화적 역량을 강조하는 문화 다양성 교육은 전통적 방식의 문화 정책에 대하여 심대한 도전을 제기하고 있다. 왜냐하면, 대부분의 나라에서 실시되고 있는 예술, 문화 분야의 문화 정책은 변화된 사회적 실재를 온전히 반영하지 못하기 때문이다(Bennett, 2000).

　　따라서 다원화된 사회를 살아가기 위해서는 타자와 타문화에 대한 상호 이해라는 문화적 역량을 강화할 필요가 있다(Ethnic Communities' Council of Victoria, 2006). 그리고 시민들의 문화적 역량을 함양하기 위한 문화 다양성 교육은 학교 교육뿐만 아니라, 사회 전 분야에서 실천적으로 수행되어야 한다.

　　문화적 역량 강화를 위한 문화 다양성 교육은 다양성 그 자체를 추구할 뿐만 아니라 동시에 세계시민을 교육하는 방식에 대한 창의적인 사고를 의미한다(유네스코, 2010). 세계시민의 문화적 역량 강화의 핵심은 다양한 문화 속에서 상이한 의미를 발견하고, 의사소통하는 능력과 행위를 향상시키는 것이다. 그리고 다른 문화를 이해하기 위하여 언어와 문화의 역할을 이해하고, 교수학습의 과정에서 간문화적 대화(intercultural dialogue)를 증진하는 것이다(UNESCO, 2010). 즉, 문화적 역량 강화는 교육의 과정에서 관용이나 민주주의와 같은 보편적 가치의 계발과 이해를 통하여 서로 다른 문화를 존중하고 학습하며, 세계를 이해하는 방식이 복수적이라는 사실을 강조한다.

## 2) 세계시민의 문화적 정체성

인간의 상호작용에 영향을 미치는 문화는 역동적이며, 시간의 경과에 따라 변화한다(Ethnic Communities' Council of Victoria, 2006). 따라서 특정 문화의 구성원들은 그들의 고유하고 단일한 문화적 배경에 국한되어 행위하고 사고하는 것이 아니다. 여러 가지 문화적 정체성을 구성하는 일은 자신의 삶을 창조적으로 영위하는 것이다.

문화적 정체성의 불확실성은 지금의 우리가 누구인지를 어떻게 정의하고 표현하는가의 문제와 관련된다(Ayton-Shenker, 1995). 국가적, 문화적, 종교적, 민족적, 언어적, 젠더적 정체성에 대한 물음은 개인과 집단의 신념과 삶의 방식을 대변하는 문화적 정체성과 직결되어 있다. 문화적 정체성은 유동적이며, 자기변환적인 과정이라고 할 수 있다.

한편, 문화적 정체성은 학습자의 학업성취도와 밀접한 상관관계를 보이는데, 서구의 교육연구들은 소수자 집단 구성원들 사이에서 형성된 포용적이고 복수적인 문화적 정체성이 학습자의 학업성취 동기를 고취하는 데 유용하다는 사실을 밝혀 주었다(Vedder, et al.,2006). 예를 들면, 한 학생이 특정한 문화 집단에 대하여 강한 소속감을 가질 때, 그 학생은 학교 교육에서 높은 학업성취를 나타낼 수 있다. 이러한 문화적 정체성은 학습자들이 서로 다른 문화와의 접촉할 때 발생할 수 있는 변화와 도전 그리고 자원을 습득하는 데 결정적인 역할을 한다. 일반적으로, 다양하고 포용적인 문화적 정체성을 지닌 학습자가 고정적이고 단일한 문화적 정체성을 지닌 학습자들보다 높은 학업성취를 보일 가능성이 높다고 알려져 있다(Vedder, et al., 2006).

### 3) 문화 다양성 교육의 이론

문화 다양성을 기르기 위한 교육이 문화 다양성 교육이다(장한업, 2009). 문화 다양성을 위한 교육은 '문화 다양성의 핵심 가치를 내재화할 수 있도록 돕는 교육'이자 '인종이나 성, 신체(장애), 지역, 계층, 종교, 연령 등의 서로의 문화 차이를 인정하고, 존중하며 소통하는 능력을 길러줌으로써 더불어 살아가는 사회공동체 형성에 기여하는 구성원으로서 준비시키는 교육'으로 정의된다.

### ① 다문화교육과 문화 다양성

Banks(2008)는 "다문화교육은 다양한 문화 집단의 학생들이 자신이 속한 문화공동체는 물론, 지역공동체, 국가공동체, 세계공동체의 일원으로서 살아가는 데 필요한 지식, 기능, 태도를 습득하도록 하는 데 목적을 두고 있다."라고 정의하였다(모경환 역, 2008). 그래서 다문화교육의 출발점은 다수의 지배적인 문화 규범에 동화되는 것이 더 이상 평등한 존중의 가치가 아니며, 차이를 긍정하는 문화를 지향하는 것에서 시작한다(정호범, 2011).

다문화교육의 내용은 타자의 문화에 대한 '합의'와 '이해'가 아니라 타자의 문화에 대한 '차이의 인정'이다. 그러나 그 차이의 인정이 곧 차이를 줄이는 노력으로 이어지는 것이 아니라, '차이는 차이일 뿐이고 또 다른 차이를 접했을 때 그 차이 또한 차이일 뿐'이라는 관용적인 시각의 확장을 의미한다고 해석되기도 한다(정석환, 2012).

다문화교육은 다양한 인종 집단으로 구성된 미국을 중심으로 발전하였다. 미국의 다문화교육은 타문화에 대한 지식과 이해를 강조하는 경향을 띄었고, 다양성 자체를 위한 다양성에 머물렀다는 평가도 받고 있으며, 문화의 다양성 속에 존재하는 권력 관계의 근원을 분석하는 데 소홀할 수 있다는 비판을 받기도 한다.

② 상호문화교육과 문화 다양성

미국을 중심으로 출발한 다문화교육과 함께 유럽(특히 독일과 프랑스)에서는 상호문화교육이 제시되었다. 상호문화교육이 출현한 배경은 유럽회의가 학교에서 상호문화적 접근을 확대하고 문화 정체성을 상호 개방하는 것을 매우 유익하다고 보고 이를 적극 권장하였기 때문이었다. 그리고 이민노동자 귀국지원 정책이 가시적인 실효를 거두지 못했기 때문이었으며, 출신, 언어, 문화교육을 이민 자녀만을 대상으로 실시할 경우 그들의 고립감만 가중시킨다는 비판이 있었기 때문이었다(장한업, 2009).

상호문화교육 프로그램은 한 사회를 구성하는 사회집단들의 고유한 문화적 특성이 다양하게 존재하고 있으며, 주류집단의 문화와 비주류집단의 문화들이 동등하게 존중되어야 한다는 인식에서 출발하였다(오영훈, 2009). 이렇게 출발한 상호문화교육은 '소수자를 다수자에 동화시키려는 동화주의, 소수를 다수가 인정하고 그 차이를 존중하는 소극적인 다문화주의보다는 타자의 문화적 동일성과 정체성을 인정해주면서 상호성을 바탕으로 상호 간의 소통을 모색하는 소위 상호-문화주의(inter-culturalism) 형태로 나아가고 있다(최신일, 2010).

그래서 상호문화교육은 사회 구성원들이 가진 타문화에 대한 편견과 고정관념을 줄이고, 서로 다른 문화 집단에 속하는 사람들이 한 사회 속에서 서로 평등하게 상호 공존할 수 있도록 한다는 평가를 받는다(오영훈, 2009). 더 나아가 상호문화교육은 문화적 다양성의 존중과 이해를 위한 일련의 교육적 과정을 통해 문화적 차이에서 오는 사회적 차별을 해결하여 민주주의 가치를 실현하기 위한 전략으로 여겨지기도 한다.

또한 상호문화교육은 문화적 다양성에 대한 행동의 차원에 비중을 두고 있고, 문화의 이해보다는 문화들 간의 만남을 강조하고 있다. 다양성을 넘어 다양성이 가지는 사회문화적 배경을 적극적으로 이해하여, 소수집단의 문화 정체성을 존중하고 있는 것이다.

하지만 문화적 차이의 존중과 이해를 목표로 한 상호문화교육이 편파적으로 문화적 상이성에 초점을 두고 각각의 이주한 소수집단과 주류집단의 표면상의 본질적이고 동질적인 문화개념을 묵시적으로 전제함에 문제가 있다는 비판을 받기도 한다(홍은영, 2012).

③ 문화 다양성 교육과 세계시민교육

다문화교육은 미국을 중심으로 발달한 다문화주의에 토대를 두고서 자국 내에서의 문화 간의 차이를 긍정하도록 한다. 이 문화 간 차이를 인정함으로써 문화 다양성에 접근하고자 하고 있다. 그래서 다문화교육은 타문화를 받아들이거나 적어도 다른 문화에 대한 관용을 기르기 위하여 타문화에 관한 학습을 중요시한다(UNESCO, 2006). 그러나 다문화교육은 동화주의 안에서 주류집단의 문화가 중심을 이루는 한계가 있다는 비판도 받는다.

상호 문화성은 문화 집단 간의 관계를 증진시키는 의미를 지닌 동적 개념을 좀 더 강조한다. 이는 다양한 문화의 존재와 이들 간의 균등한 상호작용과 대화와 상호 존중을 통한 문화적 표현의 창출 가능성을 뜻한다. 이 상호 문화성은 다문화주의를 전제로 하고, 고장, 지역, 국가 혹은 세계적 수준에서 문화 간 교류와 대화의 결과로 나타난다(UNESCO, 2006). 유럽을 중심으로 시작된 상호문화교육은 문화 간의 차이를 이해하고, 상호문화주의를 바탕으로 적극적인 문화 간 편견 극복 등을 지향한다. 상호문화교육은 소극적인 공존을 뛰어넘어 다양한 문화 집단에 대한 이해, 이의 존중과 이들 간의 대화를 통하여 다문화 사회에서 더불어 살고 지속가능한 삶의 방식을 성취하는 데 목적이 있다(UNESCO, 2006).

문화 다양성에 대한 두 접근 방법은 그 성격이 약간씩 다르지만, 그 출발은 문화 간의 차이를 인정하고 이해하는 교육이라는 점에서 그 공통점을 찾을 수 있다. 그리고 두 접근 방법 모두 문화 간의 차이를 인정하는 수준에서 문화의 상호 동등성을 바탕으로 한 문화교류, 문화 편견 극복 등으로 나아가면서 차별적으로 문화 다양성을 다루고 있음을 볼 수 있다.

세계시민교육을 지향하는 관점에서는 두 접근 방법이 국가 간, 민족 간의 문화 차이에 대한 이해에서 여전히 부족함이 있다고 본다. 문화 다양성은 세계적 수준에서 다차원적으로 영향을 주고 있으며 결국 다문화, 상호문화 그리고 글로벌문화로 우리의 삶에 나타난다.

세계시민양성이 목표인 세계시민교육은 문화 간에 일어나는 갈등이나 충돌을 극복하고 사회나 국가의 통합을 지향하기 때문에 이를 위해서 문화 다양성을 이해하는 것이 매우 중요하다. 그래서 문화 차이의 존중은 세계시민교육의 중심 역할을 하며 상호 간의 문화 이해를 넘어서 주체들 간의 조화를 추구한다. 또한 문화 다양성의 이해를 기반으로 문화 간의 차별을 극복하여 글로벌 사회를 실현하고자 한다.

## 2. 문화 다양성의 경험

### (1) 문화의 다양성 알기

# 문화 다양성 다름을 알아가다.

문화 다양성은 차이를 인정하고, 다름을 넘어 공존으로 가는 방법입니다. 보편적인 인권과 평등, 균형 잡힌 교류, 표현의 자유 등을 포함하는 상징적인 가치를 가지고 있습니다. 궁극적으로, 문화 다양성은 보편적 인권을 실현하고, 사회통합을 강화하며, 민주적인 통치를 촉진함으로써 한 사회의 평화 정착과 공존을 가능하게 합니다.

각 나라를 대표하는 정상이 되어
나라의 문화, 경제, 정치, 교육 등을 설명해 보세요.

※ 출처: JTBC의 비정상회담

## (2) 유네스코의 문화 다양성

### • 정체성과 다양성과 다원주의

#### 제1조 문화 다양성: 인류의 공동 유산

문화는 시공간을 통해 다양한 형태로 모습을 드러낸다. 이러한 다양성은 인류를 구성하고 있는 집단과 사회의 독특하고도 다원적 정체성으로 구현된다. 자연에는 생물의 다양성이 요구되듯이, 인류에게는 교류와 혁신과 창조성의 원천으로써 문화의 다양성이 요구된다. 이러한 의미에서 문화 다양성은 인류의 공동 유산일 뿐만 아니라, 현재 세대와 미래 세대를 위해 인정되고 보장되어야 한다.

#### 제2조 문화 다양성에서 문화 다원주의로

우리 사회가 점차 다양한 사회로 변화해 감에 따라, 공동생활의 의지뿐만 아니라 다원적이고 다양하고 역동적인 문화 정체성을 지닌 개인과 집단 사이의 조화로운 상호작용이 반드시 보장되어야 한다. 모든 시민을 포용하면서 모든 시민이 참여하는 정책은 사회적 통합과 시민사회의 생명력과 평화를 보장한다.

따라서 문화 다원주의는 문화 다양성의 실현을 보장하는 정책의 표현이다. 민주적 체계로부터 분리될 수 없는 문화 다원주의는 문화 교류에 도움을 줄뿐만 아니라, 공공생활을 지탱하는 창조적 역량을 강화하는 데 기여한다.

#### 제3조 발전을 촉진하는 요소로서 문화 다양성

문화 다양성은 누구나 참여할 수 있도록 선택 범위를 넓혀 준다. 문화 다양성은 발전의 토대로서 경제 성장의 관점에서 이해되어야 할 뿐만 아니라, 지적이고 감성적이며 윤리적이고 정신적인 삶을 실현해 낼 수 있는 수단으로 이해되어야 한다.

• 문화 다양성과 인권

제4조 문화 다양성의 담보로서 인권

　문화 다양성을 지키는 행위는 도덕상의 의무로서 인간 존엄성에 대한 존중과 분리될 수 없다. 그것은 인권과 기본적 자유, 특히 소수 집단에 속하는 사람들의 권리와 원주민의 권리에 대한 의무를 의미한다. 누구라도 문화 다양성을 구실로 삼아 국제법에 의해 보장되는 인권을 침해하거나 제한해서는 안 된다.

제5조 문화 다양성을 보장하는 조건으로서 문화적 권리

　문화적 권리는 인권의 필수적 구성 요소로서 보편적이고 불가분적이고 상호 의존적인 성격을 띤다. 창조적 다양성이 활성화되려면 〈세계 인권 선언〉 제27조와 경제·사회·문화적 권리에 관한 국제 협약 제13조와 제15조에 명문화된 문화적 권리가 완전하게 이행되어야 한다.

　따라서 모든 사람에게는 자신이 선택한 언어, 특히 자신의 모국어로 자신의 의견을 표현하고 자신의 작품을 창작해서 배포할 권리가 있다. 모든 사람에게는 자신의 문화적 정체성을 충분히 존중하는 질 높은 교육과 훈련을 받을 권리가 있다. 또한 모든 사람에게는 인권과 기본적 자유가 존중되는 조건 속에서 스스로가 선택한 문화생활을 누리면서 자신의 고유한 문화 활동을 전개할 수 있는 권리가 있다.

제6조 누구나 문화 다양성을 누릴 수 있는 권리의 보장

　문자와 이미지를 이용해서 아이디어가 자유롭게 생산되도록 보장됨과 동시에, 모든 문화가 자유롭게 표현되어 널리 알려질 수 있도록 배려되어야 한다. 표현의 자유, 매체 다원주의, 다중 언어주의, 디지털 형식을 포함하여 예술과 과학 기술적 지식에 동등하게 접근할 수 있는 권리, 표현 수단과 유통 수단에 접근할 권리를 모든 문화에 부여할 수 있는 가능성 등이 문화 다양성을 실현하기 위해 보장되어야 한다.

• 문화 다양성과 창조성

### 제7조 창조성의 원천으로서 문화유산

창조는 문화적 전통에 기초하여 이루어지지만, 다른 문화와 접촉함으로써 꽃핀다. 이러한 이유로, 모든 유산의 다양성 속에서 창조성을 진작하고 다양한 문화들 사이에 진정한 대화가 활발하게 진행될 수 있도록 하기 위해 모든 유형의 유산은 인류의 경험과 염원에 대한 기록으로서 잘 보존되어야 하고, 그 가치가 향상되어야 하며, 미래 세대에게 전달되어야 한다.

### 제8조 문화 상품과 문화 서비스: 독특한 유형의 상품

오늘날 경제적이고 기술적인 변화의 시대를 맞이하여 창조와 혁신에 대한 어마어마한 전망이 열리게 됨으로써 창작품 공급의 다양성, 저작가와 예술가의 권리에 대한 당연한 인정, 정체성과 가치와 의미를 전달하는 매개물로서 단순 상품이나 소비재로 취급되어서는 안 되는 문화 상품과 문화 서비스의 특이성 등에 대해 각별히 주의를 기울여야 한다.

### 제9조 창조성의 촉매로서 문화 정책

문화 정책은 아이디어와 작품이 자유롭게 유통되도록 보장함과 동시에, 지역적 차원과 세계적 차원에서 위력을 발휘할 수 있는 수단을 갖춘 문화 산업을 통해 다양한 문화 상품과 문화 서비스가 생산되고 유통되도록 기여할 수 있는 조건을 창출해야 한다. 모든 국가는 마땅히 국제적 의무 사항을 고려하여 문화 정책의 윤곽을 뚜렷하게 세우고 난 다음에, 운영 지침을 따르든 적절한 규정을 따르든 적합하다고 여겨지는 수단을 이용하여 문화 정책을 이행해야 한다.

• **문화 다양성과 국제적 연대**

제10조 세계적 차원의 창조 역량과 유통 역량의 강화

세계적 차원에서 문화 상품과 문화 서비스의 유통과 교류가 현재 불균형 상태에 처한 현실을 감안하여 가급적이면 모든 국가, 특히 개발도상국과 전환기에 처한 국가들을 대상으로 국제협력과 연대를 강화해야 하고, 국내적 차원과 국제적 차원에서 성장하면서 경쟁할 수 있는 문화 산업을 육성해야 한다.

제11조 공공 부문과 민간 부문과 시민 사회 간의 협력 관계 구축

시장 지배력만으로는 지속가능한 인간 발전에서 핵심적 역할을 담당하는 문화 다양성의 보존과 증진을 보장할 수 없다. 이러한 관점에서 보면, 민간 부문과 시민 사회 간의 협력 관계를 유지하면서 훌륭한 공공 정책이 펼쳐져야 한다.

제12조 유네스코의 역할

유네스코는 다음과 같은 책임을 회원국으로부터 위임받고 역할을 수행한다.

(가) 다양한 정부 간 기구가 작성한 발전 전략에 이 선언에서 제시된 원칙을 적용하도록 촉진한다.

(나) 문화 다양성에 대한 개념과 목표와 정책을 정교하게 만들기 위해 국가와 세계의 정부 간 기구와 NGO와 시민 사회와 민간 부문이 함께 참여할 수 있는 평가 기준을 제시하고 공개 토론장으로서 역할을 담당한다.

(다) 이 선언과 관련된 분야에서 기준 설정과 의식 강화와 역량 구축을 위한 활동을 권한이 허용되는 범위 내에서 추구한다.

(라) 이 선언문에 첨부된 주요 방침, 즉 행동 계획의 이행을 촉진한다.

## 3. 문화 다양성 교육 프로그램

### (1) 문화 다양성 교육의 목표

문화 다양성 역량을 강화하기 위한 교육의 방향은 유네스코 문화 다양성 선언을 기초로 하여 '정체성과 다양성', '갈등해결과 다원주의', '창의성과 지속가능발전' 세 가지 범주로 구성된다. 이 세 가지 범주들에 따른 교육목표는 아래와 같다(송선영 외, 2015).

① 정체성과 다양성: 인류의 구성요소로서 다양성이 각 집단의 정체성과 독창성의 구현이라는 점에서 각 문화에서의 정체성 확인, 문화에 대한 일반 인식의 저변 확대와 다양성의 인식 확대를 위한 교육을 목적으로 한다.

② 갈등해결과 다원주의: 다양한 문화 정체성을 지닌 시민들의 문화 교류 과정에서 문화 간 갈등이 주로 발생한다. 이를 해결하기 위해 상대주의의 극복, 다원주의에 기초한 상호교류와 문화 간 소통, 관용과 보편적 정의를 위한 교육을 목적으로 한다.

③ 창의성과 지속가능발전: 창의성이 문화의 원형이 되는 전통문화유산의 보존과 계승을 통해 다양한 창조적인 문화 활동을 전개하고, 문화교류와 서비스 확대를 위해 시민사회 참여형 문화 다양성 역량 강화를 위한 실천 교육을 목적으로 한다.

### (2) 문화 다양성 교육의 핵심 가치 및 특성

김영천 등(2012)은 문화 다양성 교육과 관련한 선행연구들의 분석을 통해 문화 다양성 교육이 강조하거나 목적으로 하는 핵심적인 가치들을 추출하였다. 연구 결과, 문화 다양성 교육의 핵심가치들은 인권 및 평등, 대화, 시민성, 문화적 민감성, 존중, 관용 및 포용, 상호 의존성, 사회적 정의, 차이, 연대 및 결합, 공존, 협력의 12가지가 도출되었다.

　　문화 다양성 교육의 목표를 달성하기 위한 교육의 영역은 '문화의 의미와 특징'과 '문화 다양성의 요소', '문화 다양성의 확산'과 '문화 다양성 인정과 존중'의 네 가지 영역으로 구성된다(임철일 외, 2012).

　① '문화의 의미와 특징' 영역은 문화의 의미 및 특징, 다양한 하위 문화 등 문화의 기본적인 이해를 위한 내용으로 구성한다. 이 영역에서는 차이와 존중 같은 문화 다양성의 핵심가치를 다룰 수 있다.

　② '문화 다양성의 요소' 영역은 인종이나 성을 비롯하여 신체(장애), 지역, 계층, 종교, 연령 등에 해당하는 내용, 즉 인종에 따른 생활양식의 차이, 남성과 여성의 생활양식 차이, 신체 조건에 따른 생활양식 차이, 계층, 지역, 종교 등에 따른 생활양식의 차이 살펴보기 등의 내용으로 구성할 수 있다. 이 영역에서의 초점은 차이 자체에 대한 가치판단이 아니라 현상 자체를 기술하는 것이다. 특히 주의할 것은 문화 다양성의 원천을 구분하는 자체에 초점을 두기보다는 '문화 다양성의 양상'을 다양하게 제시하는데 초점을 두는 것이 바람직하며, 문화 다양성의 여러 원천에 해당하는 요소들을 다룰 때, 각각을 너무 독자적인 것으로 다루지 않도록 주의해야 한다.

　③ '문화 다양성의 확산' 영역은 지구적 차원(외부)의 변화와 한국 사회(내부)의 변화 양상으로 나누어 구성할 수 있으며, 이 영역에서의 초점은 현상의 단순 기술이 아니라 표나 그래프 등의 자료 조사, 분석 등 기능적인 측면에 맞출 수 있다. 실제 사회에서는 내부, 외부 혹은 지구촌과 한국 사회의 변화는 상호 연관된 것이지만, 학습을 위해서는 전략적으로 나누어 살펴볼 수 있을 것이다. 이 경우 지구적 차원의 변화에서는 지구촌 전체의 상호 의존성 증가, 교통 통신 등의 발달로 인한 교류 확대 및 그로 인한

문화 전파 증가 등을 주로 다룰 수 있다. 한국 사회의 변화에서는 특별히 한국 사회에서 일어나고 있는 다문화적 변화에 특화하여 살펴볼 수 있다. 이 영역을 통해 학생들은 환경의 변화가 문화 다양성의 확산에 미치는 영향을 분석하고 변화의 모습을 파악하면서 연대나 협력, 상호 의존성, 문화적 민감성과 같은 문화 다양성의 핵심가치들을 체득할 수 있다.

④ '문화 다양성 인정과 존중' 영역은 문화적 차이에 대한 차별의 문제점 분석 및 해소 방안을 모색함은 물론 문화 다양성을 인정하고 존중하기 위한 방안을 모색하여 이를 실천할 수 있도록 내용을 구성한다. 이 영역에서의 초점은 문제점을 분석하고 차별의 해소와 공존 방안을 모색하여 실천하도록 하는 것이다. 이 영역에서는 인권문제라든지 의식적(개인적), 제도적인 노력들을 제시할 수도 있다. 또한 이 영역에서는 인권, 정의, 대화, 관용, 존중, 공존, 시민성과 같은 문화 다양성의 핵심가치들을 다룰 수 있다.

### (3) 문화 다양성 교육 프로그램의 내용

### 1) 문화 다양성 교육 프로그램의 설계

| 단계 | 구성요인 | 목표 | 내용 |
|---|---|---|---|
| 이해 | 차이와 존중 | 문화에 대한 일반 인식의 저변과 다양성의 인식 확대 | • 문화의 의미를 이해하고 보편성과 다양성을 파악<br>• 문화 다양성을 인정하고 존중하는 태도 함양<br>• 문화 다양성의 요소에 따른 생활양식의 차이를 이해 |
| 확산 | 협력과 상호 의존 | 다원주의에 기초한 상호 교류를 통한 문화 간 소통 증대 | • 국내외적 환경의 변화가 문화의 다양성 확산에 끼친 영향 분석<br>• 문화 다양성 확산으로 인해 나타나는 양상과 변화의 모습 파악 |
| 실천 | 관용과 공존 | 문화 다양성 역량 강화를 위한 실천 능력 증진 | • 다른 문화에 대한 개방적이고 포용적인 태도 함양과 문화적 공존을 위한 실천 약속<br>• 능동적인 자세로 노력하는 세계시민적 자질 습득 |

**이해**
- 문화의 의미를 이해하고 보편성과 다양성을 파악
- 문화 다양성을 인정하고 존중하는 태도 함양
- 문화 다양성의 요소에 따른 생활양식의 차이를 이해

**확산**
- 국내외적 환경의 변화가 문화의 다양성 확산에 끼친 영향 분석
- 문화 다양성 확산으로 인해 나타나는 양상과 변화의 모습 파악

**실천**
- 다른 문화에 대한 개방적이고 포용적인 태도 함양과 문화적 공존을 위한 실천 약속
- 능동적인 자세로 노력하는 세계시민적 자질 습득

## 2) 문화 다양성 교육 프로그램의 세부내용

■ 문화 다양성 교육 프로그램 1

| 주제 | 헬로와 나마스떼 – 세계 여러 나라의 인사말 |
| --- | --- |
| 학습목표 | 문화에 대한 일반 인식의 저변과 다양성의 인식을 확대시킨다. |
| 학습내용 | 문화 다양성을 인정하고 존중하는 태도를 함양한다. |
| 단계 | 활동내용 |
| 도입 | • 다름과 존중에 대하여 이야기 나누기<br>　– '다름'과 '틀림'에 대하여 정의를 내려 보고 차이점에 대하여 이야기해 본다. |
| 전개 | • 세계 여러 나라에 대하여 알아보기<br>　– 다문화 노래 "세계의 인사말"을 들어보고 함께 불러보며 다른 나라의 문화에 대하여 알아본다.<br>• 생활 속에서 문화의 다양성 찾기<br>　– 활동지 3–1.을 활용하여 세계의 여러 나라 인사말 퀴즈를 풀어본다.<br>　– 모둠을 이루어 함께 세계 여러 나라 몸짓 언어를 직접 경험해본다.(활동지 3–2. 참조)<br>　– 가장 마음에 드는 세계의 인사말과 인사 예절에 대해 함께 이야기를 나눠 본다. |
| 마무리 | • 다름과 존중에 대한 생각 정리하기<br>　– 수업 내용을 떠올리며 다름과 존중에 대하여 토론하고 서로에게 피드백을 한다. |

# ■ 활동지 3-1.

• 국기를 보고 나라 이름과 인사말을 적으세요.

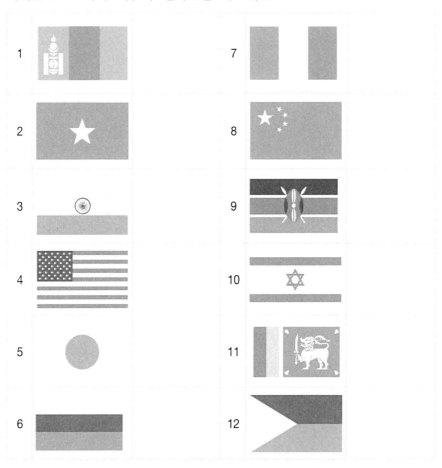

• 나라 이름과 인사말

| 1 | 몽골 | 세노 | 7 | 프랑스 | 봉주르 |
|---|---|---|---|---|---|
| 2 | 베트남 | 신짜오 | 8 | 중국 | 니하오 |
| 3 | 인도 | 나마스떼 | 9 | 케냐 | 잠보 |
| 4 | 미국 | 헬로 | 10 | 이스라엘 | 샬롬 |
| 5 | 일본 | 곤니찌와 | 11 | 스리랑카 | 아유보완 |
| 6 | 러시아 | 브리벳 | 12 | 필리핀 | 구무스따까 |

■ **활동지 3-2.**

• 세계 여러 나라 인사 예절 "안녕하세요."

| | |
|---|---|
| 중국 | 양 팔꿈치를 잡고 허리를 굽히며 "니 하오마"라고 한다. |
| 스페인 | 서로 정답게 껴안으며 "부에노스 디아스"라고 한다. |
| 인도 | 손끝을 부드럽게 입에 대었다 떼면서 "살라모어"라고 한다. |
| 에스키모 | 코를 서로 비비면서 한 사람이 "부댄니"하면 상대방은 "응흥"하며 큰 소리를 낸다. |
| 하와이 | 한 사람은 상대방의 목, 다른 사람은 상대방의 허리를 감싸 안고 왼쪽 뺨을 비비면서 "알로하"라고 한다. |
| 이스라엘 | 서로 양팔을 펼쳐 상대방의 어깨를 주무르며 "살롬"이라고 한다. |
| 네팔 | 양손을 이마에 붙이고 "나마스떼!"라고 하면서 양손을 이마 높이에서 앞으로 쭉 내밀어 상대방과 손뼉을 세 번 친다. |
| 캄보디아 | 두 손을 합장해서 가슴 정도로 올리고 "쑤어 쓰다이"라고 말한다. |
| 티베트 | 자신의 귀를 잡아당기며 혓바닥을 길게 내민다. |
| 마사이부족 | 반가움의 표시로 얼굴에 침을 뱉는다. |
| 아랍 | 무슬림은 알라 외에는 고개 숙여 인사를 하지 않기 때문에 "아살람 알레이쿰"하며 악수로 대신한다. 악수 뒤에 오른손을 왼쪽 가슴에 없는데 이는 친밀감을 표시하는 행위이다. |
| 태국 | 양손을 맞대어 얼굴 앞으로 올리며 고개를 가볍게 숙이면서 "싸왓디 캅"이라고 말한다. |

출처: 문화 다양성 교육커리큘럼 및 매뉴얼 개발 연구(문화예술교육진흥원)

■ 문화다양성 교육 프로그램 2

| 주제 | 우리는 세계시민 |
|---|---|
| 학습목표 | 다원주의에 기초한 상호 교류를 통해 문화 간 소통을 증대시킨다. |
| 학습내용 | 문화 다양성 확산으로 인해 나타나는 양상과 변화의 모습을 파악한다. |
| 단계 | 활 동 내 용 |
| 도입 | • 문화 간 교류에 대하여 생각해 보기<br>　- Play for change의 "What a Wonderful World"를 감상하고 이야기를 나누며 문화 간의 소통에 대하여 생각해 본다. |
| 전개 | • 주변에 외국인 이웃 찾아보기<br>　- 내 주변에 있는 외국인 이웃을 찾아보고 사용 언어와 인종, 만난 장소, 느낌에 대하여 이야기를 나눈 후 활동지 3-3.에 적어 본다.<br>　- 우리나라에 거주하는 외국인의 숫자를 알아본다.<br>• 세계시민 여권 제작하기<br>　- 여권사진 붙이는 곳에 자신의 얼굴을 그린 후 자신의 이름, 생년월일 등을 적어 본다(활동지 3-4.).<br>　- 활동지 3-4.에 있는 여권의 스탬프(도장)에 내가 방문하고 싶은 나라를 적어 본다. |
| 마무리 | • 세계시민의 약속을 다짐하며 마무리하기<br>　- '다른 나라의 문화에서 배울 점을 찾아봅시다.'<br>　- "나와 다른 친구들의 문화를 존중하겠습니다."를 소리 내어 따라 해 보고 스스로와 약속하며 마무리한다. |

■ **활동지 3-3.**

• 내가 만난 외국인

| 나라 | |
|---|---|
| 사용 언어 | |
| 인종 | |
| 만난 장소 | |
| 느낌 | |

**국내 거주 외국인 주민수 및 증가 인원(단위: 만 명)**

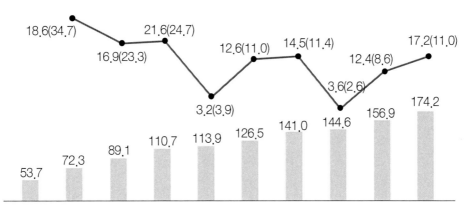

─── 증가인원(괄호 안은 증가율 %, 전년대비)　▓ 외국인 주민수

18.6(34.7)　16.9(23.3)　21.6(24.7)　3.2(3.9)　12.6(11.0)　14.5(11.4)　3.6(2.6)　12.4(8.6)　17.2(11.0)

53.7　72.3　89.1　110.7　113.9　126.5　141.0　144.6　156.9　174.2

2006년　2007년　2008년　2009년　2010년　2011년　2012년　2013년　2014년　2015년

**외국인 주민 국적(단위: %)**

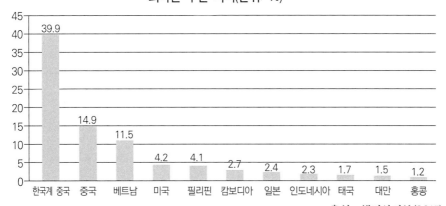

39.9　14.9　11.5　4.2　4.1　2.7　2.4　2.3　1.7　1.5　1.2

한국계 중국　중국　베트남　미국　필리핀　캄보디아　일본　인도네시아　태국　대만　홍콩

출처: 행정안전부(2015)

■ 활동지 3-4.

• 자신의 얼굴을 그리고 이름, 생년월일, 여권발급일, 여권번호를 적어 보세요.

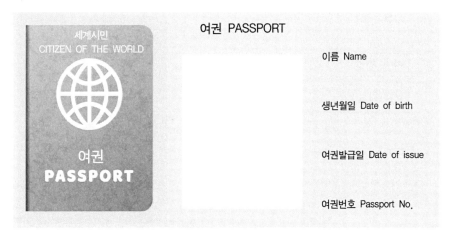

• 여권의 스탬프에 자신이 가고 싶은 나라를 적어 보세요.

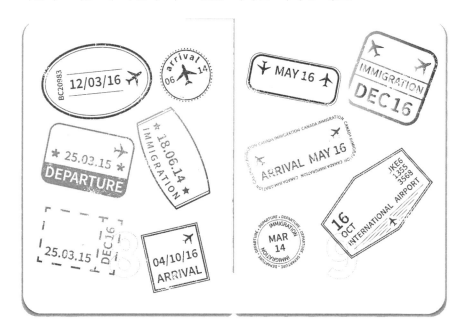

■ 문화 다양성 교육 프로그램 3

| 주제 | 행복한 지구마을 |
|---|---|
| 학습목표 | 문화 다양성 역량 강화를 위한 실천능력을 증진시킨다. |
| 학습내용 | 다른 문화에 대한 개방적이고 포용적인 태도 함양과 문화적 공존을 위한 실천을 약속한다. |
| 단계 | 활동내용 |
| 도입 | • 행복한 지구마을에 대하여 생각하기<br>  − 나와 가족, 친구들의 행복에 대하여 이야기를 나눈다. |
| 전개 | • "세계가 만일 100명의 마을이라면"<br>  − "세계가 만일 100명의 마을이라면"의 동영상을 감상한 후 활동지 3−5.의 퀴즈를 풀어보고, 세계는 다양한 문화를 배경으로 한 사람들로 구성되어 있는 다문화 사회임을 인식한다.<br>• 행복한 지구마을을 만들기 위한 방안 마련하기<br>  − 행복한 지구촌을 위한 방법에 대하여 생각하고 활동지 3−6.을 작성하여 정리한다.<br>  − 모둠을 이루어 내가 정리한 것에 대하여 토론하고 발표한다. |
| 마무리 | • 행복한 지구마을 실천을 위한 약속<br>  − 다양한 사람들의 문화의 존중을 약속하고 함께 행복한 지구마을을 만들기 위해 실천할 것을 다짐한다. |

# ■ 활동지 3-5.

• 동영상을 본 후 (    ) 안의 내용을 적어 보세요.

## 세계가 만일 100명의 마을이라면

세계를 100명이 사는 마을로 축소시킨다면

100명 중 52명은 여자이고 48명은 남자입니다.

유색인종은 (        )명이고 백인종은 (        )명입니다.

아메리카에는 13명, 아시아에는 61명, 유럽은 12명, 아프리카는 13명, 그리고 오세아니아에는 1명이 삽니다.

(        )명은 아이이고 (        )명은 어른입니다.

어른들 중 9명은 노인입니다.

중국어는 17명, 힌두어는 8명, 스페인어와 러시아어는 각각 6명, 아랍어는 4명, 영어는 9명, 그 외 언어를 50명이 사용합니다.

기독교는 33명, 이슬람교는 19명, 힌두교는 18명, 불교는 6명, 토속신앙 5명, 그 외 24명이 다른 종교를 믿습니다.

100명 중 (        )명은 비만이고, (        )명은 영양실조입니다.

그중 (        )명은 굶어죽기 직전입니다.

마을의 모든 에너지의 80%를 20명이 사용하고 있고, 20%를 80명이 나누어 씁니다.

이 마을에서 컴퓨터를 가지고 있는 사람은 2명뿐입니다.

마을사람들 중 1명만 대학교육을 받았습니다.

100명 중 11명은 글을 읽지 못합니다.

75명은 먹을 양식을 비축해 놓았고 비와 이슬을 피할 집이 있지만 나머지 25명은 그렇지 못합니다.

이케다 가요코

■ **활동지 3-6.**

• 행복한 지구마을을 위한 당신의 생각을 적어 보세요.

※ 예시

– 서로 사랑하는 마음을 가져야 합니다.

– 우리 주변의 소외 계층에 대하여 관심을 가져야 합니다.

– 환경을 소중히 보호해야 합니다.

# 제4장

# 평화와 갈등해결

## 1. 세계의 평화와 갈등해결

### (1) 평화와 갈등

사람들은 자신의 마음이 괴롭거나 타인과의 관계 맺음이 원활하지 못할 때 평화롭지 못하며, 자신이 속한 지역사회에 갈등이 내재해 있거나 다른 지역사회와의 관계에서 갈등이 증가하고 있을 때 역시 평화롭지 못하다. 그리고 태풍, 지진과 같은 자연재해로 일상생활에 심각한 위협을 받게 되었을 때도 평화는 깨진다. 평화는 마음의 평화뿐만 아니라 타인과의 관계 맺음에서 평화를 어떻게 형성할 것인가의 문제로도 이해될 수 있으므로 평화를 "모든 갈등이 사라지고 타인과 관계맺음에서 서로를 존중하며, 더불어 살아갈 수 있는 조건이 구현된 상태"로 정의할 수 있다.

평화적 인간관계는 대인관계 문제해결 및 갈등해결이 궁극적인 목적이라고 할 수 있다. 그러나 인간관계에서 사회적 갈등은 사회생활의 한 단면으로 개인과 집단 간의 인간관계의 필수요인이며, 인간관계의 필수적인 갈등의 해결방법에 따라 인간관계의 역기능과 순기능을 경험하게 된다. 이 과정 속에서 갈등과 갈등의 해결과정은 인간의 성장관계에서 변화의 원동력이 될 수 있다(이수원, 1993).

결국 갈등해결의 최종적 목표는 평화 성취에 기여하는 것이다. 갈등해결이 실천을 통해 평화 성취에 기여하는 방식은 크게 두 가지로 구분할 수 있다. 하나는 갈등을 야기하는 폭력적 사회 환경 전체를 관망하고, 그로 인한 갈등 현안들을 규명하며, 갈등을 평화적으로 해결하는 것이다. 다른 하나는 특정 갈등 현안을 찾아내 해결할 수 있는 환경을 조성하고, 평화적 과정의 설계와 진행에 기여하는 것이다. 두 가지 방식을 실행하고 평화 성취라는 목표를 위해 과정적 평화가 강조된다. 과정적 평화는 갈등의 규명, 분석, 해결의 과정에서 힘의 악용과 모든 폭력적 내용을 배제시키는 것을 의미한다. 갈등 사회의 핵심 현안은 분쟁과 같은 갈등의 종식 또는 종식 후 국가 및 사회의 재건이다.

니카라과 내전을 경험하며 사는 주민들은 "우리가 일상에서 겪는 것은 싸움, 혼란, 다툼, 그리고 문제들이다. '갈등'은 학문적 용어이며 우리의 전통에 의하면 '무장 집단 사이의 폭력적 투쟁'을 의미한다."라고 말한다.

즉, 갈등은 평화의 부재를 의미하고 평화의 넓은 개념은 주로 국제정치적 차원에서 다루어진다. 국제사회의 갈등은 분쟁, 전쟁문제 외에도 핵문제, 빈곤과 기아문제, 생태계 파괴문제, 성차별과 인종차별 문제 및 세대, 계급, 민족문제 등이 포함된다. 즉, 평화는 갈등해결과 비폭력문화의 구현이라고 할 수 있다.

유엔은 2000년을 '국제평화와 비폭력의 해'로 정하여 전 세계 각계각층에서 평화를 이루기 위해 노력할 것을 권장하였다. 냉전종식 이후 새로운 세계질서가 형성되었고, 평화의 21세기가 될 것이라는 지구촌의 염원을 반영하는 것이었다. 그러나 9.11테러와 아프간 전쟁, 이라크 전쟁 및 북아프리카·중동지역의 민주화 시위와 폭력 진압 및 내전 양상으로의 확산 등으로 지구촌의 평화 구축은 더욱 중요한 의제로 제기되었다. 또한 한반도에서의 북한 핵문제 등은 한반도에서의 평화의 구축이 21세기 우리민족 생존의 필요조건임을 보여 주고 있다.

세계 평화의 구축은 "지속가능한 평화 지대의 형성을 위해 요구되는 모든 노력(Reychler, 2001)"이며, "모든 폭력을 예방, 감소, 전환하고 모든 사람들이 모든 형태의 폭력에서 벗어나 삶을 회복할 수 있도록 돕는 것(Schirch, 2004)"을 의미한다. 또한 평화 구축의 목표는 갈등의 구조적 전환과 평화적 환경의 형성, 그리고 변화된 평화적 환경의 유지를 위한 개인 및 사회의 역량 형성이다.

평화 구축은 세계시민의 삶과 생존은 물론 갈등의 재발 예방 및 해결과 지속적 평화에 기반한 바람직한 미래를 포괄하는 것이다. 지속적 평화는 갈등해결이 평화 구축을 통해 궁극적으로 얻고자 지향하는 목표이며 세계시민의 바람직한 미래기 때문에 결코 간과될 수 없는 문제이다. 지구촌의 갈등 문제해결은 세계시민의 적극적 참여와 정치적, 사회적, 경제적 합의와 갈등해결을 위한 실천 방안이 선행된다.

## ⑵ 평화를 위한 교육

평화를 위한 교육은 인류가 공동으로 희구하는 최고의 가치인 평화를 지키고(peace keeping), 만들어 내고(peace making), 더 나아가 증진시키는(peace increasing) 사람과 사회를 변화시키는 행위라고 정의할 수 있다(강순원, 2000). 또한 평화를 위한 교육은 나와 다른 사람들과 어떻게 함께 사는가를 의식화시키는 교육, 존재하는 갈등관계를 공격성이나 배타성 혹은 폭력으로 해결하지 않고, 대화와 화해 합의를 통해 평화적으로 해결하는 교육이다(이삼열, 1986). 마지막으로 평화교육은 평화에 대한 지식을 배워 평화를 해치는 근본적인 원인들에 대해 비판적인 의식을 고양하고, 삶의 다양한 폭력과 갈등을 평화적으로 해결할 수 있는 능력을 키워 궁극적으로 평화의 문화를 정착시키기 위한 교육이다(김병연, 2011). 이와 같이 평화교육은 갈등을 평화적으로 해결할 수 있도록 실천을 강조하는 교육적 노력이라고 할 수 있으며, 갈등을 보다 창의적으로 해결할 수 있는 지식과 태도를 갖게 하는 교육이다.

어떻게 하면 타인과 적대관계나 갈등관계에 놓이지 않고 화해하며 살아갈 수 있는가 하는 공동체적 삶의 기초 위에 평화교육이 성립되어야 하므로, 평화교육의 목표는 인간들 사이에서 야기되는 갈등, 편견, 적대의식 등 비평화적 현상으로부터 야기되는 많은 문제를 대화와 합의를 통해 평화적으로 해결할 수 있는 '평화행위 능력'을 길러주는 것이어야 한다(정영수, 1993).

## (3) 평화교육의 방향

평화교육은 폭력이나 평화의 개념의 유형 중 어느 것을 강조하느냐에 따라 그 지향점을 달리한다. 폭력이나 평화에는 모두 직접적, 구조적, 문화적인 세 가지 유형이 있다. 직접적인 폭력은 남을 해치거나 상해를 입히려는 고의적인 의도를 가지고 인간의 기본적인 욕구를 유린하는 것이다. 구조적인 폭력은 더 간접적인 방식으로 그러한 결과를 초래하는 것이며 문화적인 폭력은 상징적인 것으로서 우리 문화 가운데 간접적이거나 구조적인 폭력을 정당한 것으로 만드는 데 이용되는 측면들을 가리키는 것이다(김용찬, 2011). 또한 평화교육은 개인적, 사회적, 국제적 수준에 따라 그 지향점을 달리하겠지만 세 가지 수준이 상호 결합된 총체적 평화교육을 지향하여야 한다.

유네스코(1993)는 평화교육을 위해 '평화, 인권, 민주주의 교육에 관한 선언'을 채택하였고, 이를 구체화하기 위하여 1994년 제네바 세계교육회의는 '평화, 인권, 민주주의교육에 관한 선언 및 통합실천체계'를 제시하였다(김용찬, 2011).

여기에 제시된 평화교육의 체계화를 위한 전략은 평화교육이 포괄적이고 총체적으로 이루어져야 한다는 데 초점이 맞추어져 있다. 그 주요 내용은 교육의 모든 양식, 수준, 형태에 적용이 가능해야 하며, 비정부기구와 지역사회단체 등 교육의 모든 협력자와 다양한 사회기구들을 포함하고, 또한 지방에서, 국가에서, 지역에서, 더 나아가서는 세계적으로 실행될 수 있어야 한다는 것이다.

- 평화, 인권, 민주주의 교육의 궁극적인 목표는 평화의 문화가 예견되는 보편적인 가치의식과 행동양식을 모든 개인들에게 계발시키는 것이다. 이에 의해 보편적으로 인식될 만한 서로 다른 사회적·문화적 맥락의 가치까지도 확인하는 것이 가능하다.
- 교육은 그것이 처해 있는 도전에 대응할 자유와 능력을 평가할 수 있는 능력을 개발해야 한다. 이것은 어렵고 불확실한 상황에 대처할 수 있도록 시민들을 준비시키고 그들에게 자율성과 책임감을 주는 것을 의미한다. 개인적 책임감에 대한 인식은 시민참여의 가치 인식 및, 다른 사람들과 함께 문제를 해결하며 정의롭고 평화로우며 민주적인 사회를 위해 함께 일하는 것에 대한 인식과 연계되어야 한다.
- 교육은 개인, 성, 민족, 문화 등의 다양성에 존재하는 가치를 인식하고 수용하며 다른 사람들과 의사교류하고 가진 것을 나눌 수 있는 능력을 개발시켜야 한다. 다원주의 사회와 다문화적인 세계의 시민들은 그들의 상황과 문제에 대한 해석이 그들 개인의 생활과 사회의 역사적, 문화적 전통에 뿌리 박혀 있음을 받아들일 수 있어야 한다.
- 교육은 비폭력적인 분쟁해결능력을 개발해야 한다. 그래서 학생들의 마음에 내적 평화의 발전을 촉진하여 관용, 동정심, 나눔, 보살핌의 자질을 더 확고히 형성할 수 있도록 해야 한다.

- 교육은 시민들에게 현재 상황의 분석만이 아니라, 바람직한 미래의 전망에 관한 자신의 판단과 행동에 기초하면서 정보에 바탕을 둔 선택을 할 수 있는 능력을 길러주어야 한다.
- 교육은 시민들이 문화유산을 존중하고 환경을 보호하며 지속가능한 발전을 가능하게 할 생산방식과 소비양식을 채택하도록 가르쳐야 한다. 개인의 가치와 집단의 가치 사이의, 그리고 당장의 기본적 요구와 장기적인 이익 사이의 조화 역시 필요하다.
- 교육은 균형 잡힌 장기적 발전의 관점으로 국가적 · 국제적 차원에서 연대감과 평등의식을 배양해야 한다.

평화교육의 방법론은 첫째, 평화교육에서는 학습자들에게 다양한 대안적인 견해를 소개해 주어야 한다. 학습자들은 서로 반대되는 견해들을 제공받고, 다양성 속에서 균형 잡힌 시각을 가질 수 있어야 한다. 둘째, 평화교육에서는 교육자가 중립을 지켜야 한다. 교육자의 중립은 다양한 견해를 보호해 주고, 학습자가 자율적으로 평화의 의미를 찾아갈 가능성을 열어 준다. 셋째, 인종차별이나 성폭력 등과 같은 문제에 대해서는 교육자가 분명한 자세를 취하고 있어야 한다. 교육과정에서 관용, 공정성, 합리성과 진리에 대한 존중 등의 가치가 적극적으로 강조되어야 하는 것이다(정현백, 2003).

마지막으로 평화교육의 기본적 방향은 21세기 평화사회의 비전을 제시하고 평화교육의 목적과 범주를 명확하게 규정하며, 평화문화의 형성과 정착을 평화교육의 중심적 위치에 놓아야 한다는 것이다. 또한 평화교육이 전체적 시각에서 포괄적이고 총체적으로 이루어질 수 있도록 평화교육의 내용을 구성하여야 한다. 평화문제에 대하여 개인적, 국가적, 국제적 수준의 접근이 이루어지도록 해야 하며, 지역사회 인사와 단체 및 비정부기구 등 다양한 인사와 단체의 협력을 구할 수 있는 방안을 모색하여야 한다. 또한 평화교육은 인권교육, 다문화교육, 국제이해교육 등의 관련 교육과 함께 통합적으로 접근해야 한다.

## 2. 갈등해결을 위한 방법

### (1) 갈등 이해하기

# 갈등이란 무엇일까요?

갈등이란 의견의 불일치를 말하며, 목표나 가치관이 양립할 수 없는 상태로서 타인의 목표나 성취를 의도적으로 방해하는 행위를 말합니다.

대체적으로 갈등은 양립 불가능한 이해관계나 목표가 서로 충돌하는 상태라고 정의할 수 있습니다.

갈등은 개인 내적 갈등, 개인과 타인과의 갈등, 사회적 갈등, 국제적 갈등 등 다양한 차원에서 나타납니다. 갈등의 원인은 제한된 자원에 대한 경쟁, 관계상의 오해, 인식의 차이, 의사소통의 문제, 상대적 박탈감 등 다양한 원인이 존재합니다.

## 나의 갈등의 원인은 무엇일까요?

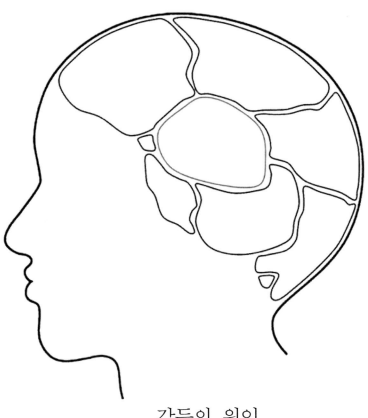

갈등의 원인

## (2) 세계의 갈등: 세계난민 6,560만 명

난민을 비롯한 망명 신청자, 국내 실향민 수가 지난해 전 세계적으로 6,560만 명에 이른다. 유엔난민기구(United Nations High Commissioner for Refugees: UNHCR)는 6월 19일 발표한 연례보고서에서 2016년 강제로 고향을 떠난 난민 등의 수가 2015년에 비해 30만 명 정도 늘어 이런 수준에 이르렀다고 밝혔다.

세계 난민 현황(2016 기준, 단위: 만 명)

| 시리아 | 550 |
| 아프가니스탄 | 250 |
| 남수단 | 140 |
| 터키 | 290 |
| 파키스탄 | 140 |
| 레바논 | 100 |
| 이란 | 98 |
| 우간다 | 94 |
| 에티오피아 | 79 |

전 세계 난민수 6,560만 명 (전년대비 30만 명 증가)

■ 난민 발생국    □ 난민 수용국

출처: 유엔난민기구(UNHCR)

전 세계 인구 113명 중 1명꼴로 고향을 잃은 실향민이 됐거나 난민이 된 셈이다. 전체로는 영국 인구(6,443만 명)보다도 많다. 6,560만 명 중 1,030만 명이 지난해 삶의 터전을 잃었다.

수단 분쟁 등이 증가에 영향을 미친 것으로 파악됐다. 전 세계 난민 수는 2015년 처음으로 6천만 명을 넘어서며 사상 최대를 기록했는데 작년에는 더 늘었다.

필리포 그란디 UNHCR 대표는 "지난해 난민 등의 증가 폭이 두드러지지는 않았다."라며 "하지만 여전히 지구촌이 평화를 정착시키는 데 역부족임을 보여 주는 것."이라고 말했다. 그란디 대표는 "오래된 분쟁이 끝나지 않고 있고 새로운 분쟁이 생겨나고 있으며 이런 분쟁들이 난민, 국내 실향민 등의 증가를 촉발하고 있다."라면서 "강제이주는 전쟁이 끝나지 않고 있음을 상징적으로 보여 주는 것."이라고 하였다.

UNHCR에 따르면 이들 가운데 2,250만 명은 난민인 것으로 집계됐다. 4,030만 명은 국내 실향민으로, 강제로 고향을 떠나 고국의 다른 지역으로 삶의 터전을 옮겨야만 했다. 280만 명은 정치적 이유 등으로 망명을 신청했다. 6년째 내전이 진행되고 있는 시리아 출신 난민들이 550만 명으로 가장 많았고 아프가니스탄(250만 명), 남수단(140만 명) 등의 순이었다.

출처: 국제분쟁 확산에 세계 난민 6천 560만 명(연합뉴스, 2017)

(3) 소통하기

소통하기

　갈등해결이란 광의적으로는 당사자들이 스스로 갈등의 원인이 무엇인지 알아내고 의사소통으로 합의의 과정을 거치면서 해결하는 전체과정을 일컫습니다. 의사소통은 상대방의 생각을 파악하고 새로운 인식을 갖게 되는 상호작용으로서, 당사자들 사이에서 갈등을 해소하고 공동의 목표를 설정하고 창의적인 대안을 만드는 것이라고 할 수 있습니다.

## 이스라엘과 팔레스타인의 종교분쟁

이스라엘과 팔레스타인 간의 분쟁의 역사는 유대인들이 고국 팔레스타인(시온)에 유대 민족국가를 건설하자는 시오니즘운동에서 시작한다. 이 운동으로 유럽에 흩어져 있던 유대인들이 팔레스타인으로 이주하기 시작하면서 아랍인들의 반발을 샀다.

제1차 세계대전 중 영국은 전쟁의 성공적 수행을 위해 시오니즘을 지지함과 동시에 아랍인들의 협력을 요청하였고, 양자 모두에게 팔레스타인을 내주겠다는 약속을 함으로써 전쟁의 불씨를 만들었다. 아랍 측에 대해서는 맥마흔선언, 유대인 측에 대해서는 밸푸어선언을 한 것이다. 아랍 측과 이스라엘 측은 그 후 네 차례(1947 · 56 · 67 · 73년)의 전쟁을 치렀고, 이스라엘이 시나이반도와 가자지구 및 요르단강 서안 등을 점령하였다.

이후 팔레스타인인들의 자살폭탄 공격과 이스라엘의 반격 등으로 양측 모두 많은 희생이 잇따랐다. 이에 따라 중동 평화를 위한 여러 협정들이 체결된 결과 2003년 6월에 미국, 이스라엘, 팔레스타인은 2005년까지 팔레스타인 독립 국가를 창설하는 것을 골자로 한 '중동평화로드맵'에 서명하였다. 그리고 마침내 2005년 9월 12일 이스라엘은 가자지구에서 완전 철수하였다. 이로써 1967년 제3차 중동전쟁 이후 계속돼 온 이스라엘의 가자지구 점령이 38년 만에 종식됐다.

하지만 정착촌 철거를 선언한 이스라엘의 아리엘 샤론 총리가 극우파 리쿠드당의 반발을 사게 되고 2006년 1월 갑작스런 뇌졸중으로 식물인간 상태가 되어 총리 임무 수행이 중단되어 2009년 베냐민 네타나후 이스라엘 총리가 취임하게 되면서 이스라엘－팔레스타인 분쟁은 또 다른 국면을 맞게 되었다. 새로 취임한 네타나후 이스라엘 총리가 유대인 정착촌 건설 중단에 대한 미국과 프랑스의 요구를 거절하는 등 유대인 정착촌 건설문제를 둘러싸고 국제사회와 갈등은 계속되고 있다. 이스라엘은 팔레스타인 과격분자의 테러로부터 이스라엘의 주민을 보호하기 위해 2002년부터 요르단강 서안에 총 730km의 분리장벽을 건설하였다.

출처: 이스라엘－팔레스타인 분쟁(박문각)

## 3. 아동 평화교육 프로그램

### (1) 아동 평화교육 프로그램의 목표

평화를 위한 교육의 궁극적 목표는 평화적 실천을 통한 삶을 살아가는 것이다. 그러나 그 삶을 살기 위해 선행되어야 할 것은 비평화적인 모습들을 해결하는 것이다. Hicks(1993)는 일찍이 평화교육의 핵심목표를 지식, 태도 및 기술의 영역으로 나누어 설명하였다. 여기서 지식의 내용은 갈등문제, 평화문제, 전쟁문제, 핵문제, 정의문제, 권력문제, 성문제, 인종문제, 미래 및 생태학적 문제로 구분하였고, 태도의 내용은 자아존중, 타인존중, 생태학적 관심, 열린 마음, 전망, 정의에 대한 헌신이며, 기술의 내용은 비판적 사고, 협력, 공감, 단호함, 갈등해결, 정치문제 등이 포함된다고 하였다. Hicks의 평화교육 핵심목표를 기본으로 하여 아동 평화교육 프로그램의 세부목표를 다음과 같이 정리할 수 있다.

#### 1) 지식의 영역

① 아동은 개인적 차원에서 세계적 차원에 이르기까지 존재하는 다양한 갈등상황들과 그러한 갈등들을 해결하려고 하는 시도들을 학습해야 하며 또한 일상생활에서 비폭력적인 방법으로 갈등을 해결하는 방법에 대하여 학습해야 한다.

② 아동은 개인적 차원에서 세계적 차원에 이르기까지 존재하고 있는 상태로서의 평화와 적극적 과정으로서의 평화의 다양한 개념들을 학습해야 한다.

③ 아동은 전쟁과 관련되어 흔히 제기되는 주요 문제들에 관하여 숙지하여야 하며, 광범위한 핵문제에 관하여 학습해야 한다. 아동은 또한 핵전쟁의 결과가 어떠한가를 이해하고 핵무기를

제거하기 위해 개인과 사회의 적극적인 참여를 이끌어야 한다.

④ 아동은 정의롭지 못하고 부당한 상황들에 관해 학습하도록 해야 한다. 또한 세계에서 권력의 문제와 불공평한 분배가 사람들의 삶에 미치는 부정적인 영향에 대해서 학습하도록 해야한다.

⑤ 아동은 차별과 관련된 문제들을 학습해야만 한다. 성차별주의의 역사적 배경과 여성들에게 어떻게 불리하게 작용하는가를 이해해야 한다. 또한 아동은 인종차별의 역사적 배경과 인종차별주의가 어떻게 작용하는가를 이해해야 한다.

⑥ 아동은 환경문제에 관하여 올바른 판단을 해야 하고, 바람직한 미래에 대하여 생각해야 한다. 어떠한 방안이 정의롭고 비폭력적인 세계를 만들어 내고, 어떠한 변화를 창조해야 하는지 방안을 모색해야 한다.

## 2) 태도의 영역

① 아동은 자기 자신의 존중과 자신의 가족, 문화적 배경에 대한 자긍심을 가지고 다른 사람들의 가치를 인정해야 한다.

② 아동은 우리의 생활환경뿐 아니라 자연환경을 존중해야 하며, 지구환경에 대한 책임감을 가져야 한다.

③ 아동은 열린 마음으로 정부, 사람, 사건 등에 대하여 다양한 견해를 가져야 하고 더 나은 세계는 어떤 것인가에 관한 다양한 생각에 마음을 열어야 한다.

④ 아동은 순수하게 민주적 원리와 가치를 인정하고 정의롭고 평화로운 세계를 위하여 노력할 준비가 되어 있어야 한다.

3) 기술의 영역

① 아동은 당면하는 문제들을 비판적이고 열린 마음으로 접근할
수 있어야 하며 편견에 이의를 제기할 수 있어야 한다.

② 공감과 협력을 통한 실천방법으로 아동은 자신과는 다른 사회,
문화, 국가 등에 속해 있는 사람들의 견해와 감정에 공감하고,
협력의 가치를 인식할 수 있어야 한다.

③ 아동은 다른 사람들과 분명하고 단호하게 의사소통할 수 있어
야 한다. 개개인의 삶과 그들의 지역사회, 그리고 국제적인 차
원에서의 의사결정에 영향을 미칠 수 있는 소통능력을 개발해
야 한다.

④ 아동은 객관적이고 조직적으로 갈등을 분석하고 다양한 해결방
식들을 제시할 수 있어야 하며, 스스로 해결방안들을 실천해야
한다.

한편 우리나라의 경우 홍순정(1999)은 아동을 위한 평화교육의 주요
내용을 다음과 같이 제시한 바 있다. ① 자아 개념 형성, ② 공격적 행
동 조절 지도를 위한 자기감정과 행동의 조절, ③ 상호 이해와 의사소통
에 바탕을 둔 비폭력적, 평화적 갈등해결 능력, ④ 타인을 배려하고 존
중하는 능력, ⑤ 협동과 공존의 가치 함양, ⑥ 평화문화의 잠재력을 키
울 수 있는 관용능력, ⑦ 환경, 인권, 폭력, 다문화 및 국제이해 등과 같
은 평화실천 관련 정보와 지식 습득, ⑧ 부모와 교사, 학교, 교육기관,
지역사회와의 공동적 참여를 통한 생활 속의 평화 실천능력 등 여덟 가
지의 교육내용을 강조하고 있다.

이를 바탕으로 아동 평화교육 프로그램의 목표를 정리하면 다음과 같다.

첫째, 평화개념을 이해하고 평화적 감수성을 함양하여, 자기성찰과 자아존중, 비판적 사고능력을 증진시킨다. 둘째, 평화로운 관계 향상을 위하여 정의와 배려, 타인존중, 편견의 극복과 공감 능력 향상, 갈등해결과 비폭력을 위한 평화로운 의사소통능력을 증진시킨다. 마지막으로 평화로운 공동체를 위하여 세계와 타문화에 대한 이해능력 향상을 목표로 한다.

## (2) 아동 평화교육 프로그램의 설계

### 1) 평화교육 프로그램의 설계

| 단계 | 구성요인 | 목표 |
|------|----------|------|
| 이해 | 지식 | • 평화개념을 이해하고 평화적 감수성을 함양<br>• 평화에 대한 자기성찰과 자아존중, 비판적 사고능력을 증진 |
| 습득 | 가치와 태도 | • 평화로운 관계 향상을 위하여 정의와 배려, 타인존중, 편견의 극복과 공감능력 향상<br>• 갈등해결과 비폭력을 위한 평화로운 의사소통의 증진 |
| 실천 | 기술 | • 평화로운 공동체를 위하여 세계와 타문화에 대한 이해능력 향상 |

**이해**
- 평화개념을 이해하고 평화적 감수성을 함양
- 평화에 대한 자기성찰과 자아존중, 비판적 사고능력을 증진

**습득**
- 평화로운 관계 향상을 위하여 정의와 배려, 타인존중, 편견의 극복과 공감능력 향상
- 갈등해결과 비폭력을 위한 평화로운 의사소통의 증진

**실천**
- 평화로운 공동체를 위하여 세계와 타문화에 대한 이해능력 향상

## 2) 아동 평화교육 프로그램의 세부내용

■아동 평화교육 프로그램 1

| 주제 | 평화란 무엇일까요? |
|---|---|
| 학습목표 | 평화개념을 이해하고 평화적 감수성을 함양시키고, 자기성찰과 자아존중, 비판적 사고능력을 증진한다. |
| 학습내용 | • 평화의 의미를 유추하고, 자신과 가족, 사회의 상황을 평화의 관점에서 분석한다.<br>• 평화의 중요성을 깨닫고 자신의 삶에서 평화를 구현할 수 있는 능력을 갖고자 노력한다. |
| **단계** | **활동내용** |
| 도입 | • 평화의 의미 생각하기<br>　− 자신이 평소 생각하는 '평화'하면 떠오르는 단어, 인물, 상황, 사건 등에 대하여 이야기를 나눈다. |
| 전개 | • 평화의 필요성 이해하기<br>　− 평화와 비평화(활동지 4−1.)에 대하여 자신의 상황에서 정리하고 모둠과 함께 자신의 생각을 나눈다.<br>• 평화 관련 도서를 읽고 함께 평화동화책 만들기<br>　− 평화 관련 도서를 읽고 중요성을 깨닫고 모둠과 함께 활동지 4−2.를 참고하여 평화동화책을 제작해 봄으로써 평화를 구현할 수 있는 능력을 습득한다. |
| 마무리 | • 평화의 의미와 필요성을 정리하기<br>　− 자신과 가족, 사회의 상황을 평화의 관점에서 정리하고 서로에게 피드백을 하며 마무리한다. |

■ 활동지 4-1.
• 내가 생각하는 평화의 의미

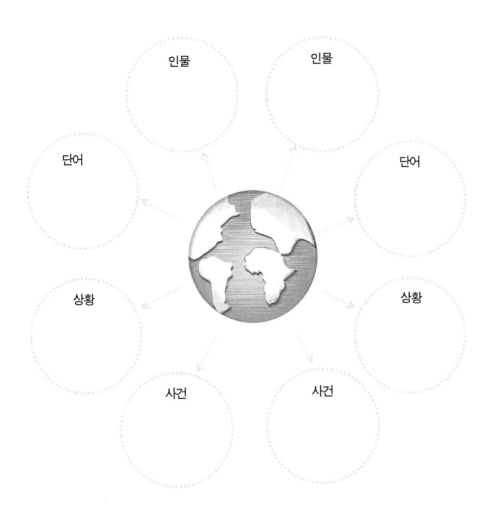

■ **활동지 4-2.**

• 책을 읽고 가장 마음에 드는 장면을 그려 보고 글로 써 보세요.

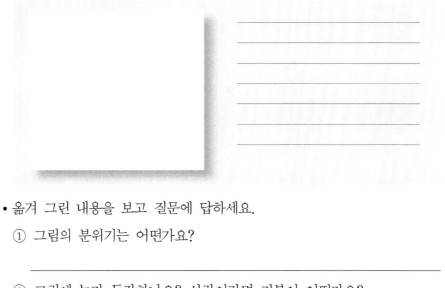

• 옮겨 그린 내용을 보고 질문에 답하세요.

① 그림의 분위기는 어떤가요?

_____

② 그림에 누가 등장하나요? 사람이라면 기분이 어떤가요?

_____

③ 그림 속에는 어떤 사물이 등장하나요?

_____

④ 그림에서 바꾸고 싶거나 수정하고 싶은 부분이 있나요?

_____

⑤ 그림과 함께 쓰인 단어 중에서 중요하다고 생각되는 단어는 무엇인
   가요?

_____

■아동 평화교육 프로그램 2

| 주제 | 세계를 변화시키는 작은 씨앗 |
|------|------|
| 학습목표 | 평화로운 관계 향상을 위하여 갈등극복 대처방안을 습득한다. |
| 학습내용 | • 활동을 통해 갈등에 대한 올바른 시각을 정립한다.<br>• 자신의 갈등대응 유형을 알아보고 합리적인 갈등해결 습관을 찾아 본다. |
| 단계 | 활동내용 |
| 도입 | • '갈등'의 의미 생각하기<br> - 일상생활에서 발생하는 나의 갈등상황에서의 느낌을 생각해 보고 활동지 4-3.에 정리한다. |
| 전개 | • 갈등에 대한 현상을 이해하고 갈등의 원인을 파악하기<br> - 활동지 4-4.에 있는 갈등나무 잎사귀에 갈등상황을 적어 보고 그 상황의 원인을 뿌리 부분에 적어 보며 다양한 갈등상황의 원인에 대하여 알아본다.<br>• 나의 갈등 상황에 대한 대처방안 찾기<br> - 갈등상황에서 어떻게 대처하는지에 따라 달라지는 결과를 분석한다(활동지 4-5).<br> - 모둠을 이루어 나의 유형에 대하여 토론하고 나의 갈등 상황에 대한 대처방법을 찾아본다. |
| 마무리 | • 갈등해결을 위한 방안 정리하기<br> - 자신이 갈등의 원인과 대처방안을 정리하고 서로에게 피드백을 하며 마무리한다. |

■ **활동지 4-3.**

• 나의 갈등상황을 적어 보세요.

| 나와 갈등 | 가족과의 갈등 | 친구와의 갈등 |
| --- | --- | --- |
|  |  |  |

■활동지 4-4.

갈등의 결과

갈등의 원인

# ■ 활동지 4-5.

• 나는 평상시에 어떻게 갈등을 해결해 왔나요?

## 부모님과의 갈등

① 시간을 두고 기다리거나 상대방의 요구에 맞춘다.                    ☐

② 문을 쾅 닫고 나가버리거나 자리를 피한다.                        ☐

③ 당사자에게 직접 분풀이한다.                                    ☐

④ 다른 엉뚱한 사람에게 화를 낸다.                                ☐

⑤ 거래를 통해서 갈등을 해결하려고 노력한다.                       ☐

⑥ 상대방의 약점이나 실수를 지적하여 해결한다.                     ☐

⑦ 화를 내지 않고 나의 감정을 솔직하게 상대방에게 말한다.           ☐

⑧ 제3자에게 갈등해결의 중재를 요청한다.                          ☐

## 친구와의 갈등

① 시간을 두고 기다리거나 상대방의 요구에 맞춘다.                    ☐

② 문을 쾅 닫고 나가버리거나 자리를 피한다.                        ☐

③ 당사자에게 직접 분풀이한다.                                    ☐

④ 다른 엉뚱한 사람에게 화를 낸다.                                ☐

⑤ 거래를 통해서 갈등을 해결하려고 노력한다.                       ☐

⑥ 상대방의 약점이나 실수를 지적하여 해결한다.                     ☐

⑦ 화를 내지 않고 나의 감정을 솔직하게 상대방에게 말한다.           ☐

⑧ 제3자에게 갈등해결의 중재를 요청한다.                          ☐

## 선생님과의 갈등

| | | |
|---|---|---|
| ① | 시간을 두고 기다리거나 상대방의 요구에 맞춘다. | ☐ |
| ② | 문을 쾅 닫고 나가버리거나 자리를 피한다. | ☐ |
| ③ | 당사자에게 직접 분풀이한다. | ☐ |
| ④ | 다른 엉뚱한 사람에게 화를 낸다. | ☐ |
| ⑤ | 거래를 통해서 갈등을 해결하려고 노력한다. | ☐ |
| ⑥ | 상대방의 약점이나 실수를 지적하여 해결한다. | ☐ |
| ⑦ | 화를 내지 않고 나의 감정을 솔직하게 상대방에게 말한다. | ☐ |
| ⑧ | 제3자에게 갈등해결의 중재를 요청한다. | ☐ |

## ※ 분류방법

| | | | |
|---|---|---|---|
| ①, ②의 개수 | (        개  ) | 4개 이상인 경우 | 회피형 |
| ③, ④의 개수 | (        개  ) | 4개 이상인 경우 | 공격형 |
| ⑤, ⑥의 개수 | (        개  ) | 4개 이상인 경우 | 협상형 |
| ⑦, ⑧의 개수 | (        개  ) | 4개 이상인 경우 | 적극형 |

※나의 갈등처리습관은 _____형

위의 4가지 갈등처리습관 유형은 나의 현재의 상태를 알아보기 위한 것으로 절대적인 것은 아닙니다.

■아동 평화교육 프로그램 3

| 주제 | 평화 공동체 "우리는 하나" |
|---|---|
| 학습목표 | 평화로운 공동체를 이루기 위한 실천방안을 학습한다. |
| 학습내용 | • 폭력적인 요소들의 문제를 깨닫고 구체적인 상황을 분석하여 평화로운 내용으로 새롭게 구성할 수 있다.<br>• 세계적인 분쟁, 전쟁 지역의 원인, 문제, 해결과정 사례를 통해 평화로운 세계를 만들 수 있는 방안을 모색한다. |
| 단계 | 활동내용 |
| 도입 | • 평화 공동체의 의미 생각하기<br> – 평화로운 지구가 될 수 있는 조건에 대하여 서로 이야기를 나눠 본다. |
| 전개 | • 평화 공동체의 필요성 알기<br> – EBS 지식채널 e 동영상 "두 친구"를 감상하고 분쟁과 평화에 대하여 이야기를 나눈다.<br>• 평화 공동체를 이루기 위한 실천방안 마련하기<br> – 모둠을 이루어 전지 위에 큰 원을 그린 후 함께 '평화로운 지구'를 제작한다.<br> – '평화로운 지구'를 제작한 후 우리의 노력에 대하여 토론한다. |
| 마무리 | • 평화문화 확산을 위한 방안 정리하기<br> – 친구들과 함께 평화문화의 확산을 위한 나의 노력을 약속하며 마무리한다. |

# 제5장

# 세계화와 국제협력

## 1. 세계화와 국제협력

### (1) 세계화와 협력과제

현재 세계는 하나의 지구촌으로 네트워크화 되어 있으며, 자국의 관심이나 의사에 관계없이도 서로가 다양한 분야에서 다양한 문제에 얽히고설키어 영향력을 주고받는 상황에 놓여있다. 이제 세계를 바라보는 시각은 좀 더 유동적으로 변화하여야 하고, 지구 환경과 인류의 문제에 보다 더 적극적인 관심을 가져야 하며, 더욱더 강한 공동체 의식을 가지고 살아가야 하는 시대이다.

따라서 지구촌의 시민은 동등한 관계에서 인간으로서의 권리와 행복한 삶을 누릴 수 있도록 서로 돕는 성숙한 삶의 자세를 가질 필요가 있다. 또한 세계의 시민으로서 타문화에 관심을 가지고 이해하는 다문화적 시각이 필요하다. 세계는 더 나은 미래, 지속발전 가능한 미래를 위하여 현재 직면한 문제를 서로 이해하고 상황을 공감하고 함께 해결해 나아가야 하는 공동 협력과제를 가지고 있기 때문이다.

전 지구적 협력과제는 선진국과 개발도상국, 개발도상국과 개발도상국, 또는 개발도상국 내에 존재하는 개발 및 빈부의 격차를 줄이고, 개발도상국의 빈곤문제 해결을 통해 인간의 기본권을 지키려는 국제사회의 노력과 행동을 의미한다. 개발도상국의 빈곤문제는 국제사회 전반의 정치, 경제, 사회, 문화, 역사적 요인 등에 기인하므로, 국제사회 전체가 참여하는 장기간에 걸친 노력이 필요하다.

과거에는 빈곤의 문제를 주로 경제성장을 통해 해결하였으나, 최근에는 사회 전반의 발전을 위해 국제사회의 다각적인 노력에 공감대가 형성되고 있다. 이에 따라 빈곤감소를 위한 방안으로 경제·사회 인프라 구축, 정치적 안정, 인적역량 강화, 지속가능 개발과 같은 다양한 분야에서 협력의 방안이 모색되고 있다.

이와 같이 세계화의 협력과제인 국제협력은 인류 보편적 문제, 지구환경, 경제문제 등을 해결하기 위하여 UN이 2015년 "지속가능발전목표"를 선언하면서 그 중요성이 더욱 부각되고 있는 상황이다.

## (2) 세계화 문제와 국제개발협력

세계적으로 국제개발협력은 2차 대전 후 지구촌의 안녕과 번영을 위해 전쟁피해국 및 신생독립국의 재건지원에서 비롯되었다. 이후 2000년대 들어 UN의 새천년개발목표(MDGs)가 수립되면서 국제개발협력 분야에서 공적개발원조의 핵심목표로 절대빈곤퇴치가 공식 채택되었다. 이러한 국제적 합의로부터 나아가 2010년 이후로는 기후변화, 국가 간 분쟁, 공정무역 등 범지구적 이슈에 효과적으로 대응하기 위한 원조체계에 대한 구상이 활발히 이루어지고 있다.

역사적으로 한국은 세계에서 유일하게 원조 수혜국에서 원조 공여국으로 전환된 나라이며, 2000년대 들어서 지구촌 문제 해결을 위하여 국제협력개발에 함께 동참하게 되었다. 2009년 우리나라는 국제협력개발기구(OECD)

의 개발원조위원회(Development Assistance Committee, DAC)에 24번째 국가로 가입하였다. 그러나 여전히 한국의 OECD의 DAC 국가공적개발원조 (ODA, Official Development Assistance) 사업 실적은 부족한 실정이다. 실제로 OECD 개발원조위원회의 공적개발원조 규모에 있어 한국은 경제 규모 세계 11위라는 위상에 걸맞지 않게 2014년 18.5억 달러로 29개 공 여국 중 16위로 다소 낮은 수준이다. 구체적인 액수도 UN이 권고한 국 민소득 대비 공적개발원조(Official Development Assistance, ODA)의 평균 0.30%에 비해 겨우 0.13%에 미치고 있는 수준으로, 이는 2020년 0.20%의 목표 달성에도 많이 부족한 실정이다(ODA Korea, 2016).

국가공적개발원조는 개도국의 빈곤감소, 여성과 아동의 인권향상, 성 평등 실현, 지속가능한 발전 및 인도주의 실현, 협력대상국과 경제협력관 계 증진, 국제사회의 평화와 번영 추구를 위한 것이라는 인식을 확산시 킬 필요성이 있다. 또한 국제개발협력은 공여국이 수원국을 일방적으로 돕는 시혜적 관점보다는 상호 파트너십을 강조하는 관점으로의 전환을 의미하며, 원조를 넘어서는 총체적인 협력방식의 필요성을 함의한다는 것 을 강조할 필요가 있다.

앞으로 국제사회가 우리에게 공적개발원조에 보다 더 많은 참여를 요 청하는 시점에서, 세계시민의식을 제고할 필요성은 더 커지고 있다. 아울 러 국제개발협력활동을 촉진하기 위한 국제협력의 교육에 대한 역할 역 시 더욱 증대되는 상황이라 하겠다.

## (3) 국제개발협력의 주체

제2차 세계대전으로 피폐해진 유럽의 경제 재건을 위해 미국은 마샬 플랜이라는 원조를 기획하였고, 이후 국제협력 문제는 국가의 주도하에 이루어졌다.

국가 주도 원조인 공적개발원조(Official Development Assistant, ODA)는 무상증여와 양허성 차관의 양자원조, 국제기구를 통한 다자원조와 지방정부의 원조로 이루어진다.

21세기 이후 공여국은 강대국에서 신흥 공여국들로 확대되었고 과거 원조를 받았던 한국도 OECD 개발원조위원회에 가입하는 등 신흥 공여국으로 부상하였다. 우리나라는 한국국제협력단(KOICA)을 중심으로 정부부처 산하의 원조기관, 지방자치단체 등을 통해서 이행되고 있다.

하지만 최근 국제협력 분야에서 시민사회단체, 재단, 기업 등 새로운 행위자가 등장하였고 그 활동의 범위와 역량을 넓혀가고 있다. 특히 시민사회는 인도주의적 목적을 위해 지역주민의 역량 강화에 중점을 두고 국가나 국제기구와 동등한 파트너로 인정을 받아 새로운 국제개발협력의 주체로 부상하고 있다.

⑷ 국제개발협력교육

개발교육은 1950~1960년대 유럽지역 개발 NGO를 중심으로 시행되었고, 이후 1990년대 냉전 종식, 인터넷 보급, UN 회의를 통해 원조의 확산과 함께 국민들의 인지제고를 위해 확대되었다. 개발교육은 개발된 국가 및 개발도상국가 모두를 대상으로 하며 인권, 존엄성, 자립, 사회정의의 문제에 관심을 갖도록 하는 것이다. 그리고 저개발의 원인, 개발 내용, 개발 과정에 대한 이해 증진과 새로운 세계경제 및 사회 질서를 만들어 가는 방법에 관심을 갖게 하는 것으로 정의할 수 있다(이태주 외, 2010).

국제개발협력교육은 세계시민을 양성하는 교육이며, 세계시민사회의 주체이자 구성원으로서 세계 여러 나라가 겪는 문제, 국제개발에 대한 학습, 나라 간 상호 의존성에 대한 학습, 문제해결능력 향상 및 방안 모색을 통해 국제사회의 책임 있는 일원으로 키우는 것이다(KOICA, 2013).

### 세계시민의 자세

- 지구촌 공동체에 속해 있는 우리 모두가 서로 연결되어 살아간다는 상호 의존성에 대해 이해한다.
- 빈곤, 불평등, 교육, 사회정의, 물과 식량의 부족, 재난, 갈등, 평화와 같은 다양한 문제에 대해 관심을 갖고 이와 관련된 이웃의 아픔에 공감한다.
- 지구촌 문제를 비판적 사고를 통한 균형 잡힌 관점에서 바라보고, 해결책을 찾기 위해 적극적이고 창의적인 자세와 책임감을 가진다.
- 편견 없는 사고와 열린 마음으로 다양한 문화를 이해하고 존중하며 차별하지 않는다.
- 빈곤과 불평등 없는 세계를 만들기 위해 노력한다.

출처: 우리는 세계시민(2013)

KOICA에서는 개발교육과 국제개발협력교육의 용어를 같은 의미로 사용하고 있다. 또한 세계시민의 정의 역시 더불어 사는 지구촌을 만들기 위해 공동체 의식을 바탕으로 다양한 지구촌의 문제에 관심을 가지고 그 문제를 해결하기 위해서 적극적으로 행동하는 사람으로 정의하고 있다.

국제개발협력교육은 국가의 경계를 넘어 지구촌을 하나의 공동체로 인식하는 세계적 관점(global perspective)을 갖는 것이다. 동시에 학습자가 세계시민으로서 지구촌 문제와 그곳에서 살아가는 시민에게 관심을 가질 수 있도록 접근해야 한다.

국제개발협력 이슈들의 근본 원인과 해결책 파악도 중요하지만 각 문제들 간의 상호 연계성 및 영향에 대해 균형 있게 인식할 수 있어야 한다. 어떤 한 이슈를 인권, 환경, 성평등, 빈곤 등 한 분야로 한정하는 것은 편의상 그 문제를 단순화시켜 이해하는 방식일 뿐 실제로는 하나의 문제가 발생하기까지 다양한 원인이 있으며 각 원인이 서로 영향을 미치고 얽혀 있는 경우가 많다(KOICA, 2013).

따라서 국제적으로 발생하는 다양한 이슈를 아동에게 정확히 이해시키기 위해서 우리는 통합적인 관점에서 문제에 접근하도록 훈련하며 정치, 사회, 경제, 문화, 인종, 종교, 지역 등 다양한 관점이 존재하고 있다는 것을 인식해야 한다.

우리는 세계시민으로서 다양한 관점에 대한 인식과 더불어 문제의 원인과 결과를 분석해 내고 그 원인을 어떻게 제거하여 궁극적으로 문제를 해결할 것인가를 고민해야 하는 것이다. 빈곤, 불평등, 환경, 차별 등의 문제에 대한 복잡한 인과관계를 분석하고 보다 넓은 맥락에서 상황을 이해하기 위한 비판적 시각과 문제해결을 위한 창의적 사고가 중요하다 (KOICA, 2013).

## 2. 지속가능하고 발전하는 삶을 위한 기술

### (1) 세계의 문제 _ 빈곤

# 빈곤은 왜 생길까요?

　　흔히 빈곤을 소득이나 필요한 물질이 부족한 현상으로만 생각합니다. 하지만 빈곤은 그 원인이 대부분 지역, 사회, 국가에 있다는 점에서, 그리고 그 결과가 인간의 삶의 모든 면에 영향을 미친다는 점에서, 정치적, 사회적 문제이며 한 국가 내의 혹은 국가 간의 불평등한 정치사회 구조의 결과입니다. 따라서 빈곤을 극복하기 위해서는 지구촌 모든 사람들의 정당한 인권과 자유가 보장되고 정의로운 사회 구조가 확립되어야 합니다.

아래 사진을 보고 질문을 활용하여 이야기를 만들어 보세요.

✓ 이곳은 어디일까요?

✓ 이 아이들의 가족구성원은 어떨까요?

✓ 매일 무엇을 하며 살고 있을까요?

✓ 어떤 음식을 먹을까요?

✓ 즐거운 일은 무엇일까요?

✓ 고민은 무엇일까요?

✓ 장래희망은 무엇일까요?

✓ 우리 아이들과 다른 점은 무엇일까요?

✓ 우리 아이들과 같은 점은 무엇일까요?

_____

_____

_____

_____

_____

_____

_____

_____

_____

월드뱅크의 세계개발보고서(2001)에서는 빈곤을 개인적인 성향과 노력의 결과가 아니며 정치, 경제, 사회, 역사, 문화 등 인간의 다방면에서 발생하기 마련인 구조적인 불평등 문제를 고려해야 한다고 지적하고 있다.

이 보고서에서는 빈곤을 원인을 아래와 같이 설명한다.

첫째, 빈곤은 소득과 자산의 부족으로 인해 발생한다. 사람들은 직업을 통해 소득을 얻을 수 있기 때문에 양질의 일자리가 주어지는 것이 매우 중요하다. 양질의 일자리를 갖지 못해 가난해진 사람들은 자신과 가족들의 교육, 건강 등에 대한 투자가 다른 사람들에 비해 상대적으로 낮을 수밖에 없게 되므로 더욱 심화되는 빈곤 상황에 처하게 된다.

둘째, 빈곤은 자신의 요구와 주장을 펼칠 수 없는 상황과 이로 인해 느끼는 무력함 때문에 발생한다. 가난한 사람들은 부유하고 힘 있는 사람들에 비해 자신들의 요구를 국가나 사회의 주요 정책으로 반영하기 어렵다. 이러한 어려움과 차별은 가난한 사람들이 스스로 상황을 개선하는 데 장애 요인으로 작용한다.

셋째, 빈곤은 취약성으로 인해 발생한다. 가난한 사람은 자연재해나 인재에 취약한 지역에 살거나 이에 쉽게 노출되는 경우가 많다. 이와 같은 취약성은 자연재해로 인한 피해 복구나 질병 치료 등에 많은 자원과 시간을 투입하게 하여 이들의 빈곤 상황을 더욱 심화시키고 고착화시키는 결과를 낳는다. 부유하다고 해서 모두 행복한 것이 아닌 것처럼 빈곤하다고 해서 모두 불행하다고 볼 수 없다. 하지만 물질적인 빈곤만 생각해서 빈곤국에 사는 사람들을 자칫 불쌍한 사람이라 생각할 수 있다. 그러나 오히려 한국은 물질적으로 풍요해졌음에도 불구하고 자살률이 높고 행복지수가 낮다는 연구 결과도 있다. 따라서 빈곤을 퇴치하는 가장 좋은 방법이 경제적 원조라는 신념에서 탈피하여 '무엇보다도 인간으로서의 존엄성이 보장되고, 파트너로서 존중받는 관계가 전제되어야 한다는 것'에서부터 빈곤 문제에 접근해야 한다.

<br><br><br><br>

*"전 세계의 73억 2천만 명의 사람들 중에서*
*하루 평균 ___①___ 이하로 살아가는 사람들이*
*___②___ 명이다."*

<br><br><br>

① 1.9달러,  ② 7억 9천 5백만(2015년 기준)

## (2) 지속가능한 삶

• 새천년개발목표(Millennium Development Goals, MDGs)

OECD는 1996년 21세기를 맞이하여 새로운 '21세기 개발협력전략 (Shaping the 21st Century: the Contribution of Development Cooperation)'을 발표하였다. 선진공여국과 개도국의 파트너십을 바탕으로 한 공동의 글로벌 목표를 제안한 것이었다. 이렇게 제안된 OECD DAC의 글로벌 공동의 개발목표는 2000년 세계 지도자들의 새천년정상회의를 마치며 새천년개발목표(Millennium Development Goals, MDGs)로 발전하게 되었다.

국제사회의 협력은 제2차 세계대전 이후 경제발전 중심의 개발협력 활동에 주력해 왔지만 MDGs를 근간으로 '사회발전' 또는 '인간개발' 중심의 국제개발협력 패러다임을 정립하게 되었다. 이렇게 수립된 MDGs는 21세기를 시작하는 첫 15년간 시행되었으며, 이전까지 경제성장을 위한 원조 중심의 국제개발 패러다임을 인간 중심의 사회발전을 위한 국제협력 체제로 이행하는 전환점이 되었다.

**새천년개발목표**

| |
|---|
| 1. 극심한 빈곤과 기아의 탈출 |
| 2. 보편적 초등교육의 제공 |
| 3. 성평등과 여성 자력화의 촉진 |
| 4. 아동사망 감소 |
| 5. 산모건강 증진 |
| 6. HIV/AIDS, 말라리아와 다른 질병 퇴치 |
| 7. 지속가능한 환경 보장 |
| 8. 개발을 위한 국제적 협력관계 구축 |

출처: 국제엠네스티

MDGs를 통해 가장 단시간 내 빈곤감소가 이루어졌으며, 개발도상국의 초등교육과 보건 분야에 있어서는 주목할 만한 성과를 거두었다. 그러나 MDGs는 시민사회와 전문가의 참여 부족으로 인해 개별국가와 지역 간 불균형을 반영하지 못하여 불평등을 악화시켰다는 비판도 있다(KOICA, 2015).

최근 2015년까지를 목표로 했던 MDGs를 계승하는 새로운 글로벌 개발목표가 수립되면서 국제사회의 사회개발 중심의 개발협력 패러다임은 지속가능한 개발을 위해서는 사회개발뿐 아니라 경제개발과 환경지속성이 함께 이루어져야 한다는 패러다임으로 변화하게 되었다. 또한 최근 변화된 국제개발협력 패러다임은 평화와 안보가 담보되지 않는 한 개발은 불가능하다는 측면에서 거버넌스와 효과적 제도의 중요성도 함께 강조하고 있다(임소진, 2015).

• 지속가능한 개발목표(Sustainable Development Goals, SDGs)

패러다임의 변화를 반영하여 새롭게 수립된 개발목표는 '지속가능한 개발목표(Sustainable Development Goals, SDGs)'로 명명되었고 국제개발협력의 새로운 패러다임은 기존의 '공여국－개도국 파트너십'을 '다자이해관계자 파트너십'으로 확대하였다. 평화와 안보를 바탕으로 환경·사회·경제개발을 이루기 위해서는 단순히 공여국과 개도국 정부뿐 아니라 시민사회, 민간기업 등의 다양한 이해관계자의 참여가 없이는 불가능하다. 또한 SDGs는 빈곤 퇴치의 기존 MDGs 기조와 함께 포용성, 보편성, 평등이 강조되고, 사회발전과 함께 경제성장의 지속과 환경보존에 관한 목표가 강화된 특징을 보인다.

국제사회에서 2016년부터 이행이 시작되는 SDGs의 최종 수립은 2015년 9월 UN 총회의 개발정상회의에서 공식적으로 채택하는 과정을 밟게 되었고, UN 총회 개발정상회의 결과문서인 '변화하는 세계: 2030 지속가능한 개발의제'에 포함되어 채택되었다.

새천년개발목표와 지속가능한 개발목표의 비교

| 새천년개발목표<br>(MDGs) | 지속가능 개발목표<br>(SDGs) |
| --- | --- |
| • 절대빈곤 및 기아퇴치<br>• 글로벌 파트너십<br>• 지속가능한 환경<br>• 질병 퇴치<br>• 모성 보건<br>• 유아 사망률 감소<br>• 양성평등 및 여성권익신장<br>• 보편적 초등교육 | • 빈곤종식<br>• 기아종식과 지속가능 농업<br>• 보건과 복지<br>• 양질의 교육<br>• 양성평등<br>• 물과 위생<br>• 에너지<br>• 일자리와 경제성장<br>• 혁신과 인프라<br>• 불평등완화<br>• 지속가능한 도시<br>• 지속가능한 소비·생산<br>• 기후변화 대응<br>• 해양생태계<br>• 육상생태계<br>• 평화와 정의·제도<br>• 파트너십 |

출처: 지속가능발전포털

2030지속가능한 개발의제가 사람(people), 지구(planet), 번영(prosperity), 평화(peace)를 위한 행동 계획임을 아래에서 명시하고 있다.

첫째, 사람과 관련해서는, 모든 형태의 빈곤과 기아를 종식시킴으로써 모든 사람들이 존엄, 평등, 쾌적한 환경 위에서 자신의 잠재력을 실현할 수 있도록 보장하는 것을 목적으로 한다.

둘째, 지구와 관련해서는, 환경 악화로부터 지구를 보호하기 위해서 지속가능한 소비와 생산, 천연자원에 대한 지속가능한 관리, 기후 변화에 대한 즉각적 대응을 통해 현재와 미래 세대의 필요가 충족될 수 있도록 한다.

셋째, 모든 사람들이 만족스럽게 잘 살도록 하고 자연과의 조화 속에서 경제적, 사회적, 기술적 진보를 추구하는 것을 목적으로 한다.

넷째, 폭력이 없이 평화롭고, 공정하며, 포용적인 사회 육성을 추구한다.

다섯째, 위와 같은 아젠다를 실행할 수 있는 수단 마련을 위해 가난하고 취약한 사람들의 필요에 초점을 두어 세계 모든 국가들이 참여하는 글로벌 파트너십을 한층 강화한다.

## 지속가능한 개발목표의 아젠다

| 목표 1. | 모든 곳에서 모든 형태의 빈곤 종식 |
|---|---|
| 목표 2. | 기아 종식, 식량안보 및 개선된 영양 달성, 그리고 지속가능한 농업 촉진 |
| 목표 3. | 모든 연령층의 모든 사람을 위한 건강한 삶 보장과 복리 증진 |
| 목표 4. | 포용적이고 공평한 양질의 교육 보장 및 모두를 위한 평생학습 기회 증진 |
| 목표 5. | 양성평등 달성과 모든 여성 및 소녀의 권익 신장 |
| 목표 6. | 모두를 위한 물과 위생의 이용가능성 및 지속가능한 관리 보장 |
| 목표 7. | 모두를 위한 지불가능하고, 신뢰할 수 있으며, 지속가능한 현대적 에너지 접근성 보장 |
| 목표 8. | 모두를 위한 지속적이고 포용적이며 지속가능한 경제성장과 완전하고 생산적인 고용 및 양질의 일자리 촉진 |
| 목표 9. | 회복가능한 인프라 구축, 포괄적이고 지속가능한 산업화 촉진, 그리고 혁신 장려 |
| 목표 10. | 국가 내 및 국가 간 불평등 감소 |
| 목표 11. | 포괄적이고, 안전하며, 회복가능하며, 지속가능한 도시 및 거주지 조성 |
| 목표 12. | 지속가능한 소비 및 생산 패턴 보장 |
| 목표 13. | 기후변화 및 그 영향에 대한 긴급 대응 |
| 목표 14. | 지속가능한 개발을 위한 대양, 바다 및 해양자원의 보존 및 지속가능한 이용 |
| 목표 15. | 육상 생태계 보호, 복원 및 지속가능한 이용 촉진, 산림의 지속가능한 관리, 사막화 방지, 토지황폐 중지 및 복원, 그리고 생물다양성 손실 중지 |
| 목표 16. | 지속가능한 개발을 위한 평화롭고 포용적인 사회 촉진, 모두를 위한 정의에 대한 접근성 제공, 그리고 모든 차원에서의 효과적이고, 책무성 있는 포괄적 제도 구축 |
| 목표 17. | 이행수단의 강화와 지속가능한 개발을 위한 글로벌 파트너십 활성화 |

출처: UN, 변화하는 세계: 2030지속가능한 개발의제

지속가능한 개발목표 중에서
당신이 중요하다고 생각되는 것을 찾아보세요.

| 개발목표 1 | 개발목표 2 | 개발목표 3 |
|---|---|---|
| $1.25 | | |
| 개발목표 4 | 개발목표 5 | 개발목표 6 |
| | | |
| 개발목표 7 | 개발목표 8 | 개발목표 9 |
| | | |
| 개발목표 10 | 개발목표 11 | 개발목표 12 |
| | | |
| 개발목표 13 | 개발목표 14 | 개발목표 15 |
| | | |

| 개발목표 16 | 개발목표 17 |
|---|---|
| | |

그 이유는 무엇인지 적어 보세요.

_____

_____

_____

_____

## 3. 국제개발협력교육 프로그램

### (1) 국제개발협력교육의 목표 및 구성

#### 1) 국제개발협력교육의 정의

국제개발협력교육이란 궁극적으로 세계시민을 양성하는 교육이다. 세계시민사회의 구성원으로서 세계 여러 나라의 문제, 국제개발에 대한 학습, 국가 간 상호 의존성에 대한 학습, 문제해결능력 향상 및 방안 모색을 통해 국제사회의 책임 있는 구성원으로 성장시키는 것이다.

#### 2) 국제개발협력교육의 목표

- 아동, 청소년이 세계시민으로 성장하도록 역량을 강화하고 국제개발협력과 관련한 다양한 활동을 할 수 있도록 폭넓은 소양을 기른다.
- 지구촌 문제를 경제적, 사회적, 정치적 측면에서 다양한 관점으로 이해할 수 있도록 정보를 제공하여 동 분야에 대한 기본지식을 강화한다.
- 사회정의와 인권, 지속가능한 개발, 다양성, 상호 의존성 등 개발의 주요 개념에 대한 이해를 증진한다. 이로써 비판적 사고와 균형 잡힌 관점을 갖도록 하고 나아가 세계시민으로서 실천할 수 있는 방안을 제시하도록 한다.

출처: 우리는 세계시민(2013)

#### 3) 국제개발협력교육의 구성

- 지구촌 문제해결을 위한 세계적 관점

국제개발협력교육의 시작은 지역사회를 넘어 지구촌 전체를 하나의 공동체로 인식하는 세계적 관점을 갖는 것이다. 또한 우리 지역사회의 문제와 어떻게 연계되어 있는지 돌아보는 것도 중요하며, 학습자들이 사는 곳이 바로 지구촌이라는 것을 느끼도록 해야 한다.

• 지구촌의 문제해결을 위한 통합적이고 다양한 접근

국제개발협력 문제의 원인을 파악하고 해결책을 찾는 것도 중요하지만 각 문제들 간의 상호 연계성에 대해 균형 있게 인식할 수 있어야 한다.

국제개발협력문제를 인권, 분쟁, 차별, 환경, 성평등, 빈곤 등의 분야로 한정하는 것은 그 문제를 단순화시키는 방식이다. 국제 문제를 정확히 파악하기 위해서 학습자들이 통합적인 관점에서 접근해야 하고 정치, 경제, 사회, 문화, 인종, 종교 등 다양한 관점에서 인식할 수 있도록 해야 한다.

• 지구촌의 문제해결을 위한 창의적 사고

세계시민으로서 학습자는 단순히 현상의 이해뿐만 아니라 원인을 분석하고 문제해결을 하는 데 중점을 두어야 한다. 즉 인권, 분쟁, 차별, 환경, 성평등, 빈곤 등의 원인에 대하여 분석하고 넓은 맥락에서 문제해결을 위한 비판적 시각과 창의적 사고가 요구된다.

• 지구촌의 문제해결을 위한 적극적인 태도

지구촌 문제에 대하여 방관자가 아닌 세계시민으로서 관심을 갖고 적극적으로 참여해야 한다. 학습자들이 자신의 삶을 성찰하고 자신이 속한 지역을 비롯하여 지구촌 전체의 변화를 꾀하는 적극적인 태도를 갖도록 한다.

## ⑵ 국제개발협력교육의 학습 방법론

### 1) 협동 학습

국제개발협력은 모든 주체가 협력하여 보다 나은 세계를 만드는 것이다. 학습자들이 협력을 통하여 문제를 이해하고 대안을 제시하는 것이 중요하고 협동을 통해 학습할 수 있도록 적극적인 참여가 요구된다.

### 2) 문제에 기초한 학습

협동적으로 문제를 해결하기 위하여 학습자에게 함께 해결방안을 논의하게 하는 학습자 중심의 학습 환경이 중요하다. 개별 및 협동 학습을 통해 공동의 해결안을 마련하고 지식을 익히고 문제해결능력을 기르도록 한다.

### 3) 상호작용에 중점을 둔 학습

학습자들의 적극적인 상호작용은 그들의 생각과 의견을 나눔으로써 문제에 대하여 다양한 접근이 가능하게 한다. 학습자들은 대화를 통해서 다른 사람의 의견을 이해하고 존중하는 것을 배울 수 있다.

## ⑶ 국제개발협력교육 프로그램의 내용

### 1) 국제개발협력교육 프로그램의 설계

| 연결 | 이해 | 도움 |
|---|---|---|
| • 세계화와 상호 연결성에 대한 이해<br>• 세계시민으로 함께 하려는 연대감 찾기 | • 지구촌의 빈곤에 대한 인식<br>• 빈곤을 없애기 위한 방법 찾기 | • 현재와 미래에 국제개발협력활동에 참여할 수 있는 방안 모색 |

## 2) 국제개발협력교육 프로그램의 세부내용

■ 국제개발협력교육 프로그램 1

| 주제 | 하나의 지구촌, 우리는 서로 연결되어 있어요. |
|---|---|
| 학습목표 | 세계화와 상호 연결성에 대한 이해 |
| 학습내용 | 세계시민에 대하여 알고 지구 공동체로서 함께 하려는 연대감을 갖는다. |
| **단계** | **활동내용** |
| 도입 | • 세계시민의 의미 생각하기<br>　- 세계시민 이름표(활동지 5-1.)를 제작하여 세계 속의 나를 발견하고 동시에 세계시민으로서의 정체성을 확인한다.<br>　- 세계화와 세계시민으로서의 의미를 알아본다. |
| 전개 | • 공정무역 이해하기<br>　- EBS 동영상 "착한 초콜릿"을 감상한 후, 활동지 5-2.를 읽어보고 공정무역의 개념과 주요 내용을 파악한다.<br>• 공정무역 바로 알기<br>　- 공정무역이 왜 필요한 것인지를 알기 위해 활동지 5-3.을 작성한 후, 자신이 작성한 내용을 함께 나눈다.<br>• 나의 세계시민의 태도 측정하기<br>　- 학습한 내용을 바탕으로 활동지 5-4.를 작성하여 나의 세계시민 점수를 파악하여 부족한 것과 필요한 것이 무엇인지 알아본다. |
| 마무리 | • 세계시민과 지구 공동체에 대하여 정리하기<br>　- 배운 내용을 떠올리면서 세계시민으로서 어떤 태도가 필요한지 함께 토론하며 나눈다. |

■ 활동지 5-1.

• 세계시민 이름표

■ 활동지 5-2.

### "착한 소비, 공정무역이 무엇인가요?"

매년 밸런타인데이가 되면 주고받는 선물이자 어린이들이 좋아하는 군것질 중 하나인 초콜릿. 그런데 초콜릿의 달콤함 뒤엔 아프리카 아이들의 가슴 아픈 사연이 있다는 것을 알고 있나요?

초콜릿의 주원료인 카카오는 코트디부아르, 가나, 나이지리아 등의 아프리카 지역에서 많이 나요. 이곳에서 카카오 열매를 따는 일은 주로 아이들이 하고 있답니다. 카카오 농장에서 일하는 아이들은 일주일에 100시간에 가까운 혹독한 노동을 하고도 매우 적은 돈밖에 받지 못해요. 초콜릿을 만드는 기업과 농장 주인이 더 많은 이익을 남기기 위해서 아이들을 착취하고 있는 것이지요.

> 카카오 농장에서 일하는 아이들의 66%는 학교에 다니지 못하고 있으며, 절반 이상이 14세 미만의 어린이에요. 이 아이들이 딴 카카오 열매 400개로 겨우 200g의 초콜릿을 만들 수 있는데, 아이들 대부분은 평생 초콜릿을 먹어 볼 기회조차 없다고 해요.

희생되는 것은 아이들뿐이 아니에요. 서구의 몇몇 기업이 지배하고 있는 세계 초콜릿 시장에서 카카오 농장 주인이 얻을 수 있는 이익은 10%도 되지 않아요. 결국 싼 값에 카카오를 사들여 초콜릿을 만드는 대기업만 큰 이득을 보는 셈이지요. 초콜릿뿐만 아니라 커피, 차, 목화 등도 비슷한 형태로 거래되는 대표적인 불공정무역 상품이에요.

불공정무역의 잘못된 점을 반성하고 개선해 보자는 취지에서 시작된 것이 공정무역이에요. 공정무역은 생산자의 노동에 정당한 대가를 지불하면서 소비자에게는 질 좋고 신뢰할 수 있는 제품을 공급하기 위해 서로 협력하지요. 따라서 공정무역을 통해 판매되는 초콜릿은 아동 노동 없이 재배된 카카오로 만들어요. 또 생산자와 소비자 간의 직거래를 통해 정당한 가격을 지불하지요

> "지구 반대편에 있는 아이들에게까지 긍정적인 영향을 미칠 수 있는
> 공정무역은 생산자와 소비자 모두 행복해질 수 있는 거래 형태라는 의미로
> **착한 소비**라 불리기도 한답니다."

출처: 재미있는 지구촌 경제이야기(네이버 지식백과)

## ■활동지 5-3.

• 초콜릿 공시가격

    "우리가 구매하는 초콜릿의 가격이 1,000원이라면
    생산과 판매에 참여한 사람들의 가격은 얼마일까?"

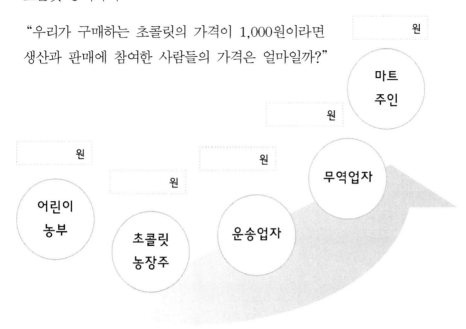

※ 실제 배분가격 비율

   농부 3%, 농장주 17%, 운송업자 14%, 무역업자 23%, 마트 주인 43%

• 착한 초콜릿 공시가격

| 어린이<br>농부 | 초콜릿<br>농장주 | 운송업자 | 무역업자 | 마트 주인 |
|---|---|---|---|---|
| 원 | 원 | 원 | 원 | 원 |

## ■ 활동지 5-4.

• 나의 세계시민 태도 측정하기

| 문 항 | 그렇다 | 아니다 |
|---|---|---|
| 1  나는 지구가 하나의 마을이라는 뜻의 '지구촌'이라는 말에 동감한다. | | |
| 2  나는 최근에 일어난 지구촌의 소식을 알고 있다. | | |
| 3  나는 최근 일어나는 지구촌의 문제를 하나라도 알고 있다. | | |
| 4  나는 나와 다른 문화권의 사람들과 잘 어울릴 수 있다. | | |
| 5  나는 외국인 학생과 같은 교실에서 공부한다면 우리나라 친구를 대할 때와 같이 평등하게 대할 것이다. | | |
| 6  나는 우리나라가 세계 여러 나라와의 관계가 더욱 친해져야 한다고 생각한다. | | |
| 7  나는 나와 다른 생각을 가진 사람들과 협동하여 문제를 해결하는 것을 좋아한다. | | |
| 8  나는 지구의 환경오염 문제는 우리 모두의 문제라고 생각한다. | | |
| 9  나는 어떤 나라가 못사는 것은 지구 전체의 문제이므로 도와줘야 한다고 생각한다. | | |
| 10  나는 나의 좋은 행동이 세계에 좋은 영향을 미칠 수 있다고 생각한다. | | |

※ 그렇다 ― 1점, 아니다 ― 0점

※ 당신의 점수는?

　　10~9점: 당신의 최고의 세계시민입니다!

　　8~6점: 이제 진정한 세계시민이 되셨군요.

　　5~4점: 아직 세계시민이 되려면 조금 부족해요.

　　3점 이하: 세계시민이 되기 위해 많은 노력이 필요해요.

■ 국제개발협력교육 프로그램 2

| 주제 | 하나의 지구촌, 우리는 서로 연결되어 있어요. |
|---|---|
| 학습목표 | 빈곤문제를 통해 인간 존중의 의미를 이해한다. |
| 학습내용 | – 빈곤의 원인과 결과를 파악하여 불평등한 세계를 비판적으로 생각한다.<br>– 빈곤 문제의 해결을 위해 적극적이고 능동적으로 참여하려는 태도를<br>　향상시킨다. |

| 단계 | 활동내용 |
|---|---|
| 도입 | • 지구촌의 빈곤 현실 파악하기<br>　– 활동지 5–5.를 활용하여 극심한 빈곤과 굶주림에 처해 있는 사람<br>　　들의 현실을 지도를 통해 접해 보고 지구상의 불평등한 상황에 대<br>　　해 느껴 본다. |
| 전개 | • 빈곤의 원인과 결과 알아보기<br>　– 활동지 5–6, 7.을 활용하여 빈곤의 상태, 원인과 결과를 알아본다.<br>　– 친구들과 함께 모둠을 구성하여 생존 게임을 진행한다.<br>　– 생존게임을 통해 빈곤 상황을 체험하며 이해한다.<br>• 빈곤문제 해결을 위한 방법 생각하기<br>　– "도움을 주는 나라 대한민국" 영상 시청을 통해 우리도 세계 여러<br>　　나라의 도움을 받았다는 사실을 알고, 빈곤한 나라를 위한 활동에<br>　　적극적으로 참여할 수 있도록 한다. |
| 마무리 | • 빈곤을 해결하기 위해 실천할 수 있는 의견 나누기<br>　– 빈곤을 해결하기 위해 내가 참여할 수 있는 일에 대하여 친구들과<br>　　토론을 하고 정리한다. |

■ 활동지 5-5.

*"절대적 빈곤, 즉 하루 2달러 이하로 살아가는 사람들이*
*전 세계에 30억 명이나 된다.*
*또 그중 13억 명은 1달러 이하로 살아가고 있다."*

- 유엔세계식량계획의 기아지도(hunger map: 헝거맵)를 보고 아래 질문에 답해 보세요.

  ① 우리나라의 색깔은 어떤가요?

  ② 우리나라와 같은 색을 가진 나라는 어느 나라인가요?

  ③ 지도에서 노란색, 주황색을 가진 나라는 어느 나라인가요?

  ④ 지도에서 진한 빨간색인 부분을 찾아보아요.

  > 이 지도는 UN세계식량계획에서 발행한 세계 굶주림 지도이며, 빈곤과 기아가 심각한 정도를 색으로 나타낸 것이다. 색이 붉어질수록 빈곤과 기아가 심각한 것이며, 붉은 색으로 표시된 국가는 전체 인구의 35%(10명 중 3~4명) 이상이 심각한 굶주림에 시달리고 있다는 의미이다. 주황색은 20~34%, 노란색으로 표시된 나라는 10~19%의 사람들이 굶주림에 시달리고 있다. 파란색은 굶주림으로 고통받는 인구가 3% 미만인 나라로 대부분의 선진국이 이에 해당된다.

  ※ 기아지도 확인 경로: 유엔세계식량계획_제로헝거 http://ko.wfp.org/

■ 활동지 5-6.

• 생존게임 "빈곤으로부터 탈출"

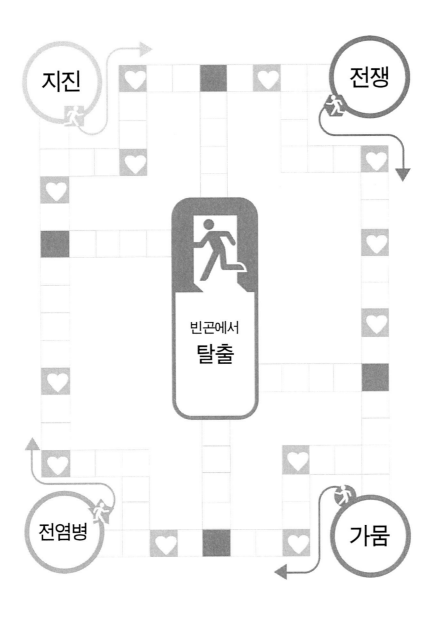

출처: 유니세프의 난민게임을 본 프로그램에 맞추어 수정하였음.

## ■ 활동지 5-7.

• 물건카드

| 통조림 | 애완동물 | 물 | 현금 | 휴대용 라디오 |
|---|---|---|---|---|
| 옷 | 보석 | 약 | 여권 | 노트북 |
| 손전등 | 휴대폰 | 라면 | 쌀 | 휴대용 칼 |
| TV | 지도 | 인형 | 신용카드 | 화장지 |
| 수건, 양말 | 교과서 | 담요 | 축구공 | 집문서 |

• 활동방법

① 4그룹을 만들어 모둠별로 활동한다.

② 학생들에게 거주하고 있는 곳에서 지진, 전쟁, 자연재해, 전염병으로 인하여 극심한 빈곤 상황에 처해 있다고 설명한다. 4가지 상황 중 한 가지를 선택한 후 모둠을 대표하는 말을 각자 선택한 빈곤 상황에 놓아 둔다.

③ 목숨을 유지하기 위해 필요한 물건을 물건카드에서 15개 선택한다.

④ 주사위는 한 번씩 던지고 말은 주사위에 나온 수만큼 칸을 옮긴다.

⑤ ♡칸에 도착하면 ♡카드를 뒤집어 보고 사용 후에는 카드더미 가장 아래쪽에 넣는다.

⑥ 말판을 시계방향으로 한 바퀴 돈 후 ▨칸에 멈추게 되면 탈출구로 간다.

⑦ 탈출구로 가려면 주사위를 던졌을 때 ▨칸에 멈추게 되도록 딱 맞는 숫자가 나와야 한다.

• ♡(하트)카드

| | | |
|---|---|---|
| 물건카드 중에서 **컴퓨터와 TV**를 버리세요. | 물건카드 중에서 **게임기, 인형, 축구공**을 버리세요. | 물건카드 중에서 **교과서와 신용카드**를 버리세요. |
| 물건카드 중에서 **집문서와 보석**을 버리세요. | 물건카드 하나를 골라 다른 모둠에게 주세요. | 물건카드 하나를 골라 다른 모둠과 바꾸세요. |
| 다른 모둠에게 **통조림, 라면, 물**을 받으세요. | 다른 모둠에게 **수건, 옷, 담요**를 받으세요. | 다른 모둠에게 **화장지, 약, 쌀**을 받으세요. |
| 다른 모둠에게 **휴대용 라디오와 칼**을 받으세요. | 다른 모둠에게 **현금과 여권**을 받으세요. | 다른 모둠에게 **손전등과 지도**를 받으세요. |

■ 국제개발협력교육 프로그램 3

| 주제 | 하나의 지구촌, 우리는 서로 연결되어 있어요. |
| --- | --- |
| 학습목표 | 국제개발협력에 대한 이해 및 협력 방안 모색 |
| 학습내용 | – 국제개발협력의 개념 이해하기<br>– 지구촌 이웃을 돕기 위해 필요한 능력과 자질을 키운다. |
| 단계 | 활동내용 |
| 도입 | • 국제개발협력의 개념 이해하기<br> – 국제개발협력의 개념에 대하여 손바닥 그리기를 통하여 설명한다.<br> – 손바닥에 자신의 이름을 적고 정부, 국제기구, NGO, 학교, 기업을 각 손가락에 적은 후 활동지 5–8.을 참고하여 협력에 대하여 설명한다. |
| 전개 | • 세계시민이 되기 위한 능력과 자질 키우기<br> – 신체그림(활동지 5–9.) 위에 각 신체 기관별로 자신의 강점을 찾아 적어 보고 각 신체 기관으로 지구촌 이웃을 돕기 위해 어떤 것을 할 수 있는지, 어떤 자질이나 능력이 필요한지 생각해 보도록 한다.<br>• 세계시민이 되기 위한 방안 마련하기<br> – 지구촌 이웃을 위해 현재의 나와 미래의 내가 참여하고 있는 모습을 활동지 5–10.에 적어 봄으로써 실천의 방법 및 태도를 구체화 시킨다. |
| 마무리 | • 세계시민과 국제협력에 대하여 정리하기<br> – 세계시민으로서 국제협력을 위한 방안에 대하여 토론하며 프로그램을 마무리한다. |

■ **활동지 5-8.**

- 정부: 우리나라의 공적개발원조는 크게 중앙정부 차원에서 외교통상부 산하의 한국 국제협력단, 기획재정부 산하의 수출입은행 및 대외경제협력기금을 중심으로 이루어집니다. 한국국제협력단은 무상원조를 통해 개발도상국이 경제·사회 발전을 이룰 수 있도록 직업교육, 교육환경 개선, 의료보건사업, 긴급구호, 전문가초청연수 등을 지원하고 있습니다. 한국수출입은행은 유상원조를 통해 세계 여러 나라의 개발을 위한 사업을 진행하고 있습니다. 뿐만 아니라 농촌진흥청과 같은 개별 기관 역시 전문성을 살려 국제개발협력에 참여하고 있으며, 각 시와 도의 지방자치단체도 자매결연 등 국제교류활동을 통해 개발협력활동에 함께하고 있습니다.
- 개발NGO: NGO는 비정부 기구(Non−Governmental Organization)의 줄임말로 인권, 환경, 경제, 정치 등 현재 사회의 다양한 문제를 다룹니다. 국경없는의사회, 그린피스, 국제엠네스티 등이 전 세계적 영향력을 유지하고 있으며 한국에도 최초의 NGO인 한국YMCA전국연맹, 월드비전을 비롯하여 수많은 NGO가 생겨났습니다. 특히, 시민사회의 성숙과 경제 성장으로 다양한 개발NGO들이 전 세계를 무대로 활동하고 있습니다.
- 국제기구: 제2차 세계대전이 끝난 후, UN과 같은 정부 간 기구들이 속속 생겨났습니다. UN은 크게 UN 총회, 안전보장이사회, 경제사회이사회, 국제사법재판소, 사무국으로 구성됩니다. 안전보장이사회는 국제분쟁에 무력으로 개입하며 평화유지군을 두기도 합니다. 국제사법재판소는 전쟁 후 전범을 재판하여 형사 처벌할 수 있습니다.
- 민간기업: 기업의 사회적 책임, 기업 이윤의 사회적 환원에 따른 사회공헌활동이 강조되면서 민간기업이 국제개발협력에 참여하고 있습니다. 각 기업별로 후원을 하는 경우뿐만 아니라 직접 재단을 세우거나 국제개발협력을 위해 사회적 기업을 만드는 경우도 많아졌습니다. 요즘 유행하는 공정무역 커피나 초콜릿 등을 파는 회사들이 이에 해당합니다. 또한, 국제개별협력에 필요한 재화와 서비스를 전문적으로 제공하는 기업들도 늘어나고 있습니다.
- 학교: 유치원부터 대학까지 다양한 교육기관을 중심으로 국제개발협력이 이루어지고 있습니다. 초·중·고 각급 학교별로 세계시민교육, 개발교육을 실시함으로써 보다 많은 사람이 국제개발협력에 관심을 갖도록 하고 있습니다. 최근에는 국제교류활동을 통한 국제협력방법이 각광을 받고 있습니다.

출처: 우리는 세계시민(KOICA ODA교육원)

■ 활동지 5-9.

• 신체 그림

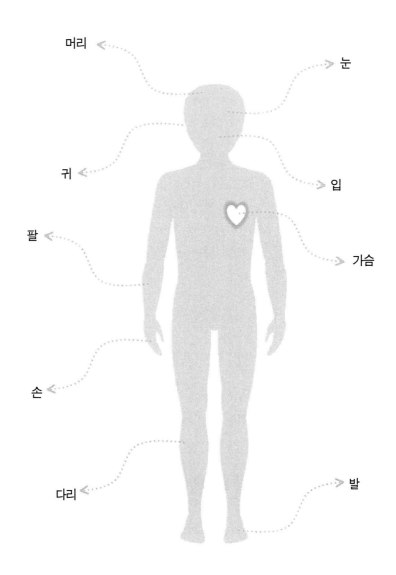

■ 활동지 5-10.

• 지구촌 이웃을 위한 실천 방법

| 일상생활에서 실천할 수 있는 방법 | 미래의 내가 실천할 수 있는 방법 |
| --- | --- |
| • _____ <br> _____ <br> _____ | • _____ <br> _____ <br> _____ |
| • _____ <br> _____ <br> _____ | • _____ <br> _____ <br> _____ |
| • _____ <br> _____ <br> _____ | • _____ <br> _____ <br> _____ |
| • _____ <br> _____ | • _____ <br> _____ |

※ 국제협력의 참여방법 및 대상

| | 참여방법 | 대상 |
|---|---|---|
| 정부 | 한국국제협력단 지구촌 체험관 | 누구나 |
| | 한국국제협력단 월드프렌즈코리아 봉사단 | 20세 이상 |
| | 대외경제협력기금(EDCF) 단기캠프 | 대학 재학생 |
| 개발NGO | 민간단체 단기·장기 해외봉사단 | 중고생 이상 |
| | 월드프렌즈 NGO 해외봉사단 | 만 19세 이상 |
| | 개발교육(동아리, 창체 연계) | 초·중·고교 |
| 국제기구 | UN 봉사단: 파트너들과 함께 개발 프로그램 실행 | 25세 이상 |
| | 인턴십: UN 및 국제기구에서 단기·장기 인턴 활동 | 석사학위 |
| 민간기업 | 윤리적 소비, 기업 설립 및 운영에 참여 | 누구나 |
| | 단기 해외봉사단 | 대학생 |

출처: 우리는 세계시민(KOICA ODA교육원)

# 부 록

## • 다문화 감수성 척도

| | 문 항 | 매우<br>그렇다 | 그렇다 | 보통이다 | 그렇지<br>않다 | 전혀<br>그렇지<br>않다 |
|---|---|---|---|---|---|---|
| 1 | 나는 나와 다른 문화를 가진 사람들과 교류하는 것을 즐긴다. | | | | | |
| 2 | 나는 나와 전혀 다른 문화를 가진 사람들에 대해 내 나름대로 그들의 첫인상을 규정하기 전에 기다리며 살펴본다. | | | | | |
| 3 | 나는 나와 다른 문화를 가진 사람들에게 개방적이다. | | | | | |
| 4 | 나는 나와 전혀 다른 문화를 가진 사람들과 교류하는 동안 그들에게 가끔 긍정적인 반응을 보여 준다. | | | | | |
| 5 | 나는 나와 전혀 다른 문화를 가진 사람들을 다루어야만 하는 상황들을 피한다. | | | | | |
| 6 | 나는 나와 전혀 다른 문화를 가진 이들에게 가끔씩 내가 그들을 잘 이해하고 있다는 사실을 언어로 혹은 비언어적 행동을 통해 보여 준다. | | | | | |
| 7 | 나는 나와 전혀 다른 문화를 가진 이들과 내가 다르다는 바로 그 점을 즐기고 있다는 느낌이 든다. | | | | | |
| 8 | 나는 나와 다른 문화의 사람들은 모두 속이 좁다고 생각한다. | | | | | |
| 9 | 나는 나와 다른 문화를 가진 사람들과 함께 있는 것을 좋아하지 않는다. | | | | | |
| 10 | 나는 나와 다른 문화의 사람들이 가진 가치관을 존중한다. | | | | | |

| | 문 항 | 매우<br>그렇다 | 그렇다 | 보통이다 | 그렇지<br>않다 | 전혀<br>그렇지<br>않다 |
|---|---|---|---|---|---|---|
| 11 | 나는 나와 다른 문화를 가진 사람들이 행동하는 그들만의 방법을 존중한다. | | | | | |
| 12 | 나는 나와 다른 문화의 사람들이 가진 의견을 수용하지 않는다. | | | | | |
| 13 | 내가 가지고 있는 문화가 남의 문화보다 좋다고 생각한다. | | | | | |
| 14 | 나는 나와 다른 문화의 사람들과 교류하는 데 상당히 자신이 있다. | | | | | |
| 15 | 나는 나와 다른 문화를 가진 사람들 앞에서 말하는 것을 상당히 힘들어 한다. | | | | | |
| 16 | 나는 나와 다른 문화를 가진 사람들과 교류할 때 어떤 소재들을 가지고 대화해야 하는지 잘 알고 있다. | | | | | |
| 17 | 나는 나와 다른 문화를 가진 사람들과 교류할 때 내가 원하는 정도껏 사교적이 될 수 있다. | | | | | |
| 18 | 나는 나와 다른 문화를 가진 사람들과 교류할 때 자신만만해지는 것을 느낀다. | | | | | |
| 19 | 나는 나와 다른 문화를 가진 사람들과 교류할 때 화를 쉽게 낸다. | | | | | |
| 20 | 나는 나와 다른 문화를 가진 사람들과 함께 있을 때 가끔 의기소침해진다. | | | | | |
| 21 | 나는 나와 다른 문화를 가진 사람들과 교류할 때 종종 이런 교류가 헛된 것이라는 느낌을 가진다. | | | | | |

| 문 항 | 매우<br>그렇다 | 그렇다 | 보통이다 | 그렇지<br>않다 | 전혀<br>그렇지<br>않다 |
|---|---|---|---|---|---|
| 22 | 나는 나와 다른 문화를 가진 사람들과 교류할 때 매우 날카롭게 그들을 관찰한다. | | | | | |
| 23 | 나는 나와 다른 문화의 사람들과 교류할 때 내가 할 수 있는 만큼 많은 정보를 그들로부터 얻고자 노력한다. | | | | | |
| 24 | 나는 나와 다른 문화의 사람들과 교류 도중 그들이 보여주는 미세한 표현들에 대해 민감하다. | | | | | |

출처: Chen & Starosta(2000), The development and validation of the intercultural sensitivity scale. 김옥순(2008)이 번안하여 사용.

## 1. 국내문헌

김경준 외 (2014), 한국 아동·청소년 인권실태 연구IV, 「한국청소년정책연구원」.

김종세 (2008), 아동인권과 아동학대, 「한국법학회」.

김병연 (2011), 평화교육 교수학습체계에 관한 연구, 「윤리철학교육」.

김영천 외 (2012), 문화다양성 교육 추진을 위한 기초연구. 한국문화예술교육진흥원.

김옥순 외 (2008), 다문화교육의 이론과 실제. 학지사.

김옥순 (2008), 한·중 예비교사들의 문화간 감수성 비교연구, 「비교교육연구」.

김용찬 (2011), 세계화 시대 민주시민교육을 통한 평화교육 강화 방안, 「경인교육대학교 교육논총」.

김진희 (2015), Post 2015 맥락의 세계시민교육 담론 동향과 쟁점 분석, 「시민교육연구」.

김행완 (2008), 혈액형성격상관론의 상품화에 관한 연구, 국민대학교북악경영연구.

류미령 (2017), 인권교육을 통한 아동권리 증진방안, 「법과인권교육연구」

문영희 (2014), 학대피해아동의 보호를 위한 법 정책적 개선방안 아동인권의 관점에서, 「법학논총」.

박미란 (2015), 혈액형별 성격특징 고정관념 내용분석 및 정신건강과의 관계, 순천향대학교 박사학위논문.

박애경 (2011), 글로벌 문화다양성의 재현 의미: 유네스코 협약을 중심으로, 석사학위논문. 서울교육대학교.

송선영 외(2015), 문화다양성 역량 교육프로그램 개발 I: 이론적 논의와 내용 체계, 「한국윤리학회」.

엄미란 (2014), 자원봉사자로 국제개발협력활동에 참여하는 은퇴 시니어를 위한 세계시민교육의 전망, 「성인교육학회」.

오영훈 (2009), 다문화교육으로서 상호문화교육: 독일의 상호문화교육을 중심으로, 「교육문화연구」.

유네스코한국위원회 (2012), 유네스코 문화관련 국제협약모음집, 유네스코한국위원회.

유네스코 한국위원회 (2014), 평화와 협력을 위한 세계시민교육: 2015 세계교육회의(WEF 2015) 의제 형성 연구, 유네스코한국위원회.

이경한 (2014), 국제이해교육 관점에서 문화다양성 교육의 탐색, 「한국국제이해교육학회」.

이동성 외 (2013), 문화다양성 교육의 개념적 특질 및 이론적 배경 고찰, 「다문화교육연구」.

이미식 (2007), 아동의 인권능력 을 신장시키기 위한 인권교육 프로그램 연구 초등학교 도덕과 교육을 중심으로, 「열린교육연구」.

이성회 (2015), 세계시민교육 실태와 실천과제, 「한국교육개발원」.

이인재 (2010), 다문화사회에서의 초등학교 반편견교육, 「윤리교육연구」.

이효진 (2008), 중등 도덕과 교육에서의 평화교육프로그램적용, 이화여자대학교 석사학위논문.

이태주 (2010), 지리교육에서세계시민의식함양을위한개발교육의방향연구, 「대한지리학회지」.

임소진 (2015), 21세기 국제개발협력 패러다임의 변화, 대외경제협력기금

임철일 외(2012), 문화다양성 교육 커리큘럼 및 매뉴얼 개발 연구, 한국문화
　　예술교육진흥원.

장상희 (1998), 인종 간 접촉과 편견: 미국 내의 한흑 집단 간 비교 연구,
　　「사회조사연구」.

장한업 (2009), 프랑스의 상호문화교육과 미국의 다문화교육의 비교 연구,
　　「프랑스 어문교육」.

정석환 (2012), 포스트모더니즘에 근거한 한국 다문화교육의 재개념화, 「한
　　국교육학연구」.

정영수 (1993), 평화교육의 과제와 전망, 「교육학 연구」.

정우탁 (2015), 세계시민교육이란 무엇인가?, 후마니타스포럼.

정주진 (2013), 평화연구로서의 갈등해결 연구, 「통일과 평화」.

정현백 (2002), 「통일 교육과 평화교육의 만남」, 통일교육원.

정호범 (2011). 다문화교육의 철학적 배경, 「사회과교육연구」.

조효제 (2015), 「조효제 교수의 인권오디세이」, 교양인

최신일 (2010), 도덕과 다문화교육의 해석학적 접근, 「초등도덕교육」.

최관경 (2009), 21세기 평화와 평화교육, 「한국교육사상연구회」.

최성환 (2009), 다문화주의와 타자의 문제, 「다문화콘텐츠연구」.

최종덕 (2014), 글로벌 시민교육의 쟁점과 과제, 「시민교육연구」.

KOICA (2013), 「우리는 세계시민」, 한국국제협력단

KOICA (2015), 「지속가능개발목표(SDGs)수립현황과 대응방안」, 한국국제
　　협력단

허영식 (2014), 다문화사회에서 편견·차별의 문제와 해결방안, 「다문화와
　　인간」.

홍순정 (1999), 「평화를 사랑하는 어린이」, 학지사.

홍은영 (2012), 포스트 식민주의적 관점에서 본 상호문화교육, 「교육의 이론
　　과 실천」.

## 2. 외국문헌

Bennett, T. (2000), Differing diversities: Cultural policy and cultural diversity. Council of Europe.

Crozier, M. (2001), Guidelines for a cultural diversity policy: An advocacy document: An advocacy document.

Chen, G. M., & Starosta, W. J.(2000). The development and validation of the intercultural sensitivity scale. Paper presented at the 86th annual meeting of the National Communication Association, Seattle, WA, USA.

Diller, J. V. (2004), Cultural diversity: A primer for human services. (2nd ed.). Belmont, CA: Brooks/Cole.

Ethnic Communities' Council of Victoria (2006). Cultural competence: Guidelines and protocols.

Giles, J. & Middleton, T. (2003). 문화학습[Studying Culture: A Practical Introduction]. (장성희역). 서울: 동문선.

Marshall, H. (2011). Instrumentalism, ideals and imaginaries: theorising the contested space of global citizenship education in schools, Globalisation, Societies and Education.

National Centre for Cultural Competence (2006), Conceptual frameworks/models, guiding values and principles. Washington DC: Georgetown University Child Development Centre.

Pincus, F. L. (2011), Understanding diversity. Colorado: Lynne Rienner Publishers.

Reychler, Luc(2001), "Conceptual Framework." in Luc Reychler and

Thania Paffenholz, eds., Peace—building: A Field Guide. Boulder: Lynne Rienner.

Rizvi, F. (2009), Towards cosmopolitan learning, Studies in the Cultural Politics of Education.

Schirch, Lisa(2004), The Little Book of Strategic Peacebuilding: Good Books.

UNESCO (2006), UNESCO Guidelines on International Education. section of education for peace and human rights.

UNESCO (2010), UNESCO world report 2: Investing in cultural diversity and intercultural dialogue.

UNESCO(2013), Education beyond 2015. Presented in General Conference 37th Session, Paris.

UNESCO(2015), Global Citizenship Education: Topics and learning objectives. Paris: UNESCO.

## 역자 소개

### 심미경

심미경 교수는 하버드대학교에서 인간발달과 심리학 전공으로 석사학위를 취득한 후 컬럼비아 대학교에서 교육학 박사학위를 취득하였다. 미국에서는 캠브리지시공립학교 이중언어교사, 아델파이대학 조교수로 재직하였으며, 한국에서는 한양대학교 사범대학 조교수, 영산대학교 미래융합대학 학장, 평생교육원 원장으로 재직하였다. 아동발달, 부모상담, 다문화교육 및 상담, 평생교육 분야를 연구해왔다. 대표 저서로는 아동을 위한 세계시민교육(박영스토리), 대표역서로는 문화 간 소통(박영스토리&센게이지)이 있으며, 현재 발달심리학과 상담심리학의 이해를 집필중이다.

### 정진은

정진은 박사는 원광대학교에서 예술치료학 전공으로 석사학위를 취득한 후 동아대학교에서 국제학 박사학위를 취득하였다. 동주대학교 유아교육학과 겸임교수, 동아대학교 동아시아연구원 연구원, 영산대학교 아동학과 강사 등 다양한 경력을 보유하고 있다. 현재 한예술치료교육연구소 선임연구원이자 글로벌아트앤프렌즈 국제교류이사로 활발한 활동을 하고 있다.

# 아동을 위한 세계시민교육
## 평생교육 성인학습자를 위한 코칭북

| | |
|---|---|
| **초판발행** | 2018년 4월 30일 |
| **중판발행** | 2021년 9월 10일 |
| **지은이** | 심미경 · 정진은 |
| **펴낸이** | 노 현 |
| **편 집** | 김명희 · 노하영 |
| **기획/마케팅** | 박세기 |
| **표지디자인** | 조아라 |
| **제 작** | 고철민 · 조영환 |
| **펴낸곳** | ㈜ 피와이메이트 |
| | 서울특별시 금천구 가산디지털2로 53, 210호(가산동, 한라시그마밸리) |
| | 등록 2014. 2. 12. 제2018-000080호 |
| **전 화** | 02)733-6771 |
| **f a x** | 02)736-4818 |
| **e-mail** | pys@pybook.co.kr |
| **homepage** | www.pybook.co.kr |
| **ISBN** | 979-11-89005-10-8 93370 |

\* 본 저서는 교육부의 "2017년 대학의 평생교육체제 지원사업" 사업비를 받아 제작하였습니다.
\* 파본은 구입하신 곳에서 교환해 드립니다. 본서의 무단복제행위를 금합니다.
\* 저자와 협의하여 인지첩부를 생략합니다.

**정 가**       13,000원

박영스토리는 박영사와 함께하는 브랜드입니다.